国家出版基金项目
NATIONAL PUBLICATION FOUNDATION

中宣部2022年主题出版重点出版物

“十四五”国家重点图书出版规划项目

纪录小康工程

全面建成小康社会

河南大事记

HENAN DASHIJI

本书编写组

河南人民出版社

图书在版编目(CIP)数据

全面建成小康社会河南大事记 / 本书编写组编. —
郑州 : 河南人民出版社, 2022. 10
(纪录小康工程)
ISBN 978 - 7 - 215 - 13144 - 6

Ⅰ. ①全… Ⅱ. ①本… Ⅲ. ①小康建设 - 大事记 -
河南 Ⅳ. ①F127.61

中国版本图书馆 CIP 数据核字(2022)第 099432 号

河南人民出版社 出版发行
(地址:郑州市郑东新区祥盛街 27 号 邮政编码:450016 电话:65788053)
新华书店经销　　河南新华印刷集团有限公司印刷
开本 710 毫米×1000 毫米　1/16　印张 18
字数 217 千字
2022 年 10 月第 1 版　　2022 年 10 月第 1 次印刷

定价: 63.00 元

总　序

为民族复兴修史　为伟大时代立传

小康，是中华民族孜孜以求的梦想和夙愿。千百年来，中国人民一直对小康怀有割舍不断的情愫，祖祖辈辈为过上幸福美好生活劳苦奋斗。“民亦劳止，汔可小康”“久困于穷，冀以小康”“安得广厦千万间，大庇天下寒士俱欢颜”……都寄托着中国人民对小康社会的恒久期盼。然而，这些朴素而美好的愿望在历史上却从来没有变成现实。中国共产党自成立那天起，就把为中国人民谋幸福、为中华民族谋复兴作为初心使命，团结带领亿万中国人民拼搏奋斗，为过上幸福生活胼手胝足、砥砺前行。夺取新民主主义革命伟大胜利，完成社会主义革命和推进社会主义建设，进行改革开放和社会主义现代化建设，开创中国特色社会主义新时代，经过百年不懈奋斗，无数中国人摆脱贫困，过上衣食无忧的好日子。

特别是党的十八大以来，以习近平同志为核心的党中央统揽中华民族伟大复兴战略全局和世界百年未有之大变局，团结带领全党全国各族人民统筹推进“五位一体”总体布局、协调推进“四个全面”战略布局，万众一心战贫困、促改革、抗疫情、谋发展，党和国家事业取得历史性成就、发生历史性变革。在庆祝中国共产党成立100周年大会上，习近平总书记庄严宣告：“经过全党全国各族人民持续奋斗，我们实现了第一个百年奋斗目标，在中华大地上全面建成了小康社会，历史性地解决了绝对贫困问题，正在意气风发向着全面建成社会主义现代化强国的第二个百年奋斗目标迈进。”

这是中华民族、中国人民、中国共产党的伟大光荣！这是百姓的福祉、国家的进步、民族的骄傲！

全面小康，让梦想的阳光照进现实、照亮生活。从推翻“三座大山”到“人民当家作主”，从“小康之家”到“小康社会”，从“总体小康”到“全面小康”，从“全面建设”到“全面建成”，中国人民牢牢把命运掌握在自己手上，人民群众的生活越来越红火。“人民对美好生活的向往，就是我们的奋斗目标。”在习近平总书记坚强领导、亲自指挥下，我国脱贫攻坚取得重大历史性成就，现行标准下9899万农村贫困人口全部脱贫，建成世界上规模最大的社会保障体系，居民人均预期寿命提高到78.2岁，人民精神文化生活极大丰富，生态环境得到明显改善，公平正义的阳光普照大地。今天的中国人民，生活殷实、安居乐业，获得感、幸福感、安全感显著增强，道路自信、理论自信、制度自信、文化自信更加坚定，对创造更加美好的生活充满信心。

全面小康，让社会主义中国焕发出蓬勃生机活力。经过长期努力特别是党的十八大以来伟大实践，我国经济实力、科技实力、国防实力、综合国力跃上新的大台阶，成为世界第二大经济体、第一大工业国、第一大货物贸易国、第一大外汇储备国，国内生产总值从 1952 年的 679 亿元跃升至 2021 年的 114 万亿元，人均国内生产总值从 1952 年的几十美元跃升至 2021 年的超过 1.2 万美元。把握新发展阶段、贯彻新发展理念、构建新发展格局、推动高质量发展，全面建设社会主义现代化国家，我们的物质基础、制度基础更加坚实、更加牢靠。全面建成小康社会的伟大成就充分说明，在中华大地上生气勃勃的创造性的社会主义实践造福了人民、改变了中国、影响了时代，世界范围内社会主义和资本主义两种社会制度的历史演进及其较量发生了有利于社会主义的重大转变，社会主义制度优势得到极大彰显，中国特色社会主义道路越走越宽广。

全面小康，让中华民族自信自强屹立于世界民族之林。中华民族有五千多年的文明历史，创造了灿烂的中华文明，为人类文明进步作出了卓越贡献。近代以来，中华民族遭受的苦难之重、付出的牺牲之大，世所罕见。中国共产党带领中国人民从沉沦中觉醒、从灾难中奋起，前赴后继、百折不挠，战胜各种艰难险阻，取得一个个伟大胜利，创造一个个发展奇迹，用鲜血和汗水书写了中华民族几千年历史上最恢宏的史诗。全面建成小康社会，见证了中华民族强大的创造力、坚韧力、爆发力，见证了中华民族自信自强、守正创新精神气质的锻造与激扬，实现中华民族伟大复兴有了更为主动的精神力量，进入不可逆转的历史进程。今天，我们比历史上任何时期都更接近、更有信心和能力实现中华民族伟大复兴的目标，中国人民的志气、骨气、底气极大增强，奋进新征程、建功新时代有着前所未有的历史主动精神、历史创造精神。

全面小康，在人类社会发展史上写就了不可磨灭的光辉篇章。中华民族素有和合共生、兼济天下的价值追求，中国共产党立志于为人类谋进步、为世界谋大同。中国的发展，使世界五分之一的人口整体摆脱贫困，提前十年实现联合国 2030 年可持续发展议程确定的目标，谱写了彪炳世界发展史的减贫奇迹，创造了中国式现代化道路与人类文明新形态。这份光荣的胜利，属于中国，也属于世界。事实雄辩地证明，人类通往美好生活的道路不止一条，各国实现现代化的道路不止一条。全面建成小康社会的中国，始终站在历史正确的一边，站在人类进步的一边，国际影响力、感召力、塑造力显著提升，负责任大国形象充分彰显，以更加开放包容的姿态拥抱世界，必将为推动构建人类命运共同体、弘扬全人类共同价值、建设更加美好的世界作出新的更大贡献。

回望全面建成小康社会的历史，伟大历程何其艰苦卓绝，伟大胜利何其光辉炳耀，伟大精神何其气壮山河！

这是中华民族发展史上矗立起的又一座历史丰碑、精神丰碑！这座丰碑，凝结着中国共产党人矢志不渝的坚持坚守、博大深沉的情怀胸襟，辉映着科学理论的思想穿透力、时代引领力、实践推动力，镌刻着中国人民的奋发奋斗、牺牲奉献，彰

目　录

1978年

12月18日至22日 党的十一届三中全会召开。全会确定把党和国家的工作重点转移到社会主义现代化建设上来，作出实行改革开放的重大决策，实现了党的历史上具有深远意义的重大转折，开创了改革开放和社会主义现代化建设新时期，这为河南全面建成小康社会奠定了政治基础和经济基础。

1979年

1月2日至20日 省委召开常委扩大会议，传达学习贯彻党的十一届三中全会和中央工作会议精神。会上，省委第一书记段君毅传达了党的十一届三中全会和中央工作会议精神并作重要讲话，省委第二书记胡立教作了《全党动员，加速把工作着重点转移到现代化建设上来》的报告。

1月4日至10日 省委组织部召开老干部工作座谈会，传达贯彻党的十一届三中全会和中央组织部老干部工作座谈会精神，联系河南实际，揭发批判林彪、“四人帮”迫害老干部的严重错误和罪行，讨论如何贯彻落实老干部政策的措施。

1月10日至15日 省科学工作会议在郑州举行。会议认真学习讨论了党的十一届三中全会公报及全国科协一届二次扩大会议精神，研究了加强科协的组织建设和思想建设，把工作的着重点转移到社会主义现代化建设上来等问题。

1月12日至15日 省社科联暨哲学、经济、历史学恢复大会在郑州召开。会议动员全省广大哲学社会科学工作者，根据党的十一届三中全会精神，解放思想，鼓足干劲，积极开展哲学社会科学研究工作，为加速社会主义现代化建设服务。

1月23日 省委批转《省委摘掉右派分子帽子工作领导小组

报告》，为被错划右派分子的人摘帽。

1 月 30 日 省革委会作出《关于减轻农村税收负担的规定》，该规定从 1979 年 1 月开始施行。

2 月 4 日 南召县云阳蚕业试验场研制成功中国第一台 F78A 型柞蚕雌雄自动分离机，比手工生产提高工效 25—30 倍，误差不超过 3%。

2 月 6 日 河南省广播电视大学成立。

2 月 9 日 省委决定：成立中共河南纪律检查委员会筹备组，赵文甫兼任筹备组组长。省委要求，各地、市、县委要尽快建立同级党的纪律检查委员会。

同日 省委批转省委统战部《关于落实党对民族资产阶级政策的若干问题的请示报告》，《报告》对原民族工商业者的生活福利待遇、定息、退休、安排使用等问题作了具体规定。

2 月 24 日 中共中央批准赵文甫、李庆伟任中共河南省委书记。

3 月 2 日 共青团河南省委召开学雷锋树新风座谈会，号召全省共青团员和青少年，学先进、赶先进，争当新长征突击手。

3 月 13 日 省委印发《关于目前农村政策的若干补充规定（试行草案）》。

3 月 15 日至 21 日 省委召开改正错划右派工作会议。会议传达了中央召开的改正错划右派工作经验交流会精神，学习了中央文件，交流了改正、安置工作和善后工作。省委书记赵文甫指出，要认真加强领导，实事求是地搞好复查改正工作，善始善终地做好安置和善后工作，争取在 3 个月内圆满完成错划右派的改正和安置工作。

3 月 16 日至 27 日 省委在郑州召开省农业科学会议。会议讨论了全省农业生产和农业科学技术工作的经验教训，讨论并原则通过了《河南省农业科学技术实施要点》等文件。

3月19日至25日 省委在郑州召开了计划生育工作会议。会议强调，各级党委必须加强领导，列入议事日程。第一书记要亲自抓，要有一名书记分管这项工作，党委“一班人”都要抓，切实抓出成效。

3月24日至4月10日 省第八次人民检察工作会议在郑州召开。这次会议是河南省检察机关重建后召开的第一次全省性会议。会议指出，为了适应党的工作着重点的战略转移，检察机关必须把工作的着重点放到保卫四化建设上来，为四化建设创造一个安定团结的政治局面和良好的社会秩序。

3月28日至4月3日 省军区第六次代表大会在郑州召开。大会确定新时期军队和民兵政治工作的任务是：在新时期总路线和总任务的指引下，搞好工作着重点的转移，进一步落实军委扩大会议、军委会议和全军政工会议确定的方针、政策和任务，加速部队和民兵建设，为保卫和建设社会主义现代化强国而奋斗。

3月31日至4月7日 省农业局在郑州召开全省国营农场工作会议，着重讨论工作着重点转移问题。

4月6日 省革委发布《关于维护社会秩序的通告》。

4月12日至15日 省基本建设委员会在郑州召开全省基本建设工作会议。会议确定，停建、缓建百万元以上基建项目90个，以扭转目前基本建设战线的“长、散、乱、费”局面。

4月18日至24日 省委召开由10个地委和15个县委负责人参加的改变贫困社队面貌座谈会，讨论研究了改变贫困社队面貌的方针、政策和规划、措施。5月10日，省委批转了此次会议纪要，下发实施。

4 月 21 日至 31 日 全省工业会议召开，讨论全省工业战线搞好工作重点转移的问题。

4 月 25 日至 5 月 6 日 省委召开知识青年上山下乡工作会议。会议从河南实际出发，本着瞻前顾后、全面规划、统筹解决、留有余地的原则，研究确定了统筹解决城镇知识青年问题的方针、政策和任务。

4 月 28 日 郑州市第一条无轨电车线路通车试运行。

5 月 8 日至 26 日 省委工作会议召开。根据中央提出的“调整、改革、整顿、提高”的方针，讨论全省国民经济调整和当前思想理论宣传工作问题。

5 月 26 日 具有 20 世纪 70 年代国际先进水平的烧碱设备——15 万安培水银电解槽在三门峡化工矿山机械厂试制成功。

6 月 4 日 省委决定抽调 146 名干部和 290 名高、中等农业院校毕业生分赴西藏工作。

6 月 20 日至 30 日 全省纪律检查工作会议召开。这次会议是河南省纪律检查机构重新建立之后召开的首次工作会议。会议联系河南实际，着重研究了维护党规党法，协助党委切实搞好党风以及抓紧抓好清查工作中的定性问题，同时也讨论了进一步加强信访工作和纪律检查机构的自身建设问题。

6 月 25 日至 7 月 11 日 全省组织工作会议召开。这次会议是在全省工作着重点转移后召开的第一次组织工作会议。会议具体研究解决端正党风、加强领导班子建设、正确对待和安排犯错误干部、妥善处理突击发展党员等问题，使组织工作跟上形势的发展，适应和保证全党工作着重点的转移，更好地为实现四个现代化服务。

6月27日 省革委批转省财政局《关于农业税实行起征点若干具体问题的规定》。规定从1979年开始，农业税起征点以生产队为单位计算，全年每人平均口粮水稻地区在200公斤以下，杂粮地区在150公斤以下，以及收入分配额（不包括工业收入）在45元以下的，免征农业税。

7月26日至8月5日 省委召开全省农业工作会议。会议讨论制定了《河南省1980年农田基本建设方案》《关于搞好三千万亩粮食丰产田方案的意见》《河南省1980年夺取夏粮丰收方案》3个文件，并向今年取得夏粮丰收的398个先进集体和先进个人颁发了奖旗奖状。

8月3日至9日 省委在郑州召开工业交通增产节约会议。会议要求各级党组织全面实行工作着重点的转移，同心协力，确保今年工业生产增长8%以上，打好国民经济三年调整第一仗。

9月1日 省委发出《关于广泛开展真理标准问题讨论的通知》。

8月25日至9月7日 省委、省革委会召开全省商业工作会议。会议通过实践是检验真理的唯一标准的讨论，统一认识，端正思想路线，研究制定了改进商业工作、把全省市场搞活的具体措施。

9月2日至7日 省委宣传部召开有各地、市委宣传部部长，各大专院校党委宣传部部长，省直各战线及有关单位负责同志参加的真理标准讨论会。会议要求各级领导机关和领导干部带头行动起来，搞好补课，把真理标准讨论广泛深入地开展起来。

9月12日至20日 省政协四届二次会议在郑州召开。会议通过了关于常务委员会工作的决议和提案审查委员会关于提案的审查报告，补选赵文甫为政协河南省第四届委员会主席。

9 月 13 日至 19 日　省五届人大二次会议在郑州举行。会议听取并审议了省革命委员会、省财政局、省高级人民法院、省人民检察院四个工作报告并作出相应决议；决定设立河南省人民代表大会常务委员会，并通过有关人事任免事项。

9 月 22 日　省人民政府举行首次会议。会议对省人民政府的工作和办公制度、省人民政府农业委员会的任务和机构等问题作了安排。

9 月 23 日　省委发出《关于学习贯彻中纪委〈关于严防干部侵占农村社员劳动所得，用来大吃大喝、请客送礼的不正之风的通告〉的通知》。

9 月 26 日　河南油田建成投产。该油田 1972 年开始勘探开发，1977 年部分投产，总投资 6.9 亿元，年产原油 200 多万吨。

9 月 28 日　焦作矿务局王封矿、郑州铁路局郑州北站和辉县化肥厂被国务院命名为全国先进企业，鲁金水等 8 人为全国劳动模范。

9 月 28 日　河南省人民会堂建成交付使用。这是全省首座大型多功能的集会文化活动场所，1978 年 7 月 15 日动工兴建，总投资 936 万元，拥有 3 000 个座位，主体建筑 1.8 万平方米。

10 月 13 日　省委发出《关于认真学习、贯彻落实〈中共中央关于加快农业发展若干问题的决定〉的通知》，要求各级党委从实际出发，尽快制定落实中央决定的具体措施。

10 月 13 日至 19 日　河南外事旅游工作会议召开。会议宣布，为适应旅游事业发展的需要，省委决定建立省委外事口，成立省委外事旅游领导小组。

10 月 17 日 省委、省政府发出《关于提高主要副食品销价和给职工副食品价格补贴的通知》，提出为了照顾职工生活，主要副食品销价提高以后，全民所有制企业、事业单位和国家机关的固定职工，每人每月发给副食品价格补贴 5 元，拿工资参加农村分配的干部，每人每月补贴 2.5 元。

10 月 18 日 省委批转省委组织部《关于老红军、老干部政治、生活待遇的几点意见》《关于做好干部逝世后工作的暂行办法》《关于各级党委组织部门建立老干部工作机构的意见》三个文件，进一步落实党的各项政策。21 日，省委又批转省委组织部、省劳动局党组《关于“文化大革命”以来因冤假错案被开除公职的国家干部、工人和 1957 年反右派斗争中被开除的国家干部收回安排工作的意见》。

10 月 19 日至 22 日 省委召开全省地、市委书记座谈会，分析工交战线形势，总结经验教训，具体部署下一步工作。会议指出，各级领导必须解放思想，鼓足干劲，力争完成 1979 年工业生产增长 8% 的奋斗目标。

10 月 26 日 鹤壁市无线电一厂研制成功中国第一部浮标电台。

11 月 6 日 省委发出《关于搞好党政分工，改进领导方法的几项规定（试行草案）》。

11 月 9 日 省政府发出《关于地方工交企业扩大经营管理自主权试点工作的通知》。

11 月 9 日至 21 日 省政府召开全省社队企业工作会议。会议研究制定了河南省关于贯彻执行国务院《关于发展社队企业若干问题的规定（试行草案）》的补充规定，研究讨论了河南发展社队企业的规划。

11 月 10 日至 11 日 省委、省政府召开地、市副食品调价补贴领导小组组长会议。要求各地建立健全物价机构，对违法乱纪情节恶劣的严肃处理。

11 月 15 日 河南省第一座钢筋混凝箱形桥——南阳鸭河口大桥建成通车。

11 月 29 日 省委决定建立省委文教部，加强对教育、卫生、体育、计划生育等工作的领导，促进文化教育事业的发展和提高。

12 月 1 日至 4 日 省治安工作会议在郑州召开。会议分析河南社会治安情况和存在的问题，讨论确定了整顿社会治安的具体措施。

12 月 2 日至 8 日 省第六次妇女代表大会在郑州召开。会议选举产生了河南省妇女联合会第六届执行委员会，在第六届执行委员会上，彭艺枫当选为执委会主任。

12 月 4 日 省社会科学院成立。

12 月 22 日至 28 日 省工会第八次代表大会在郑州召开。会议讨论通过了河南省总工会工作报告，号召全省广大职工团结起来，为加速社会主义现代化建设而奋斗。

12 月 26 日 国务院命名新乡县七里营人民公社等河南 12 家单位为全国先进单位，史来贺等河南 14 人为全国劳动模范。

12 月 29 日 陇海铁路郑州东至商丘段复线建成通车。

同日 全国煤矿重点建设项目之一的新密矿务局裴沟矿改建工程竣工投产，年产煤由 60 万吨增加到 120 万吨。

12 月 河南省第三毛纺织厂（在商丘市）全面投入试生产。该厂 1975 年 12 月 21 日动工兴建，是河南省第一个拥有精纺锭 4 752 枚、毛织机 96 台的中型毛纺织厂。

1980年

1月1日　郑州铁路局开始实行铁道部《改革铁路运输企业财务管理体制试行办法》，把原来由铁道部统一核算、包收包支“吃大锅饭”的状况，改为由铁路局独立经济核算、收支挂钩、计算利润，使国家、企业和个人三者利益结合起来。

1月5日　省纺织科研所与郑州国棉五厂研制成功的自动捻纺机和气流纺机投入生产，填补了河南省纺织工业的一项空白。

1月5日至9日　省委、省政府在郑州召开全省计划生育工作先进集体、先进个人表彰大会。会议要求，把计划生育工作的重点转移到一对夫妇只生一个孩子上来，坚决完成控制人口增长的战略任务。

1月6日　河南省工农教育委员会恢复工作。

1月16日至2月10日　全省计划工作会议召开。会议确定，加快农业发展，大力发展轻纺工业和其他消费品生产；搞好工业整顿和改组，努力改变“小而全”“大而全”的状况；调整基建规模，缩短基建战线；提高农业、轻纺、教育、卫生、城建、职工住宅投资比重；加快人才培养；逐步改善人民生活。

1月29日　省政府批准郑州纺织机械厂和郑州国棉一厂、三厂、四厂、六厂等5个企业自办的“七·二一”大学为高等职工学校。

2 月 9 日至 11 日 省五届人大常委会举行第四次会议。会议学习了邓小平《关于目前的形势和任务》的报告；听取了省政府、省公安局、省民政局工作汇报；原则通过了《河南省贯彻执行〈选举法〉实施细则（试行）》；通过了有关人事任免事项。

2 月 10 日 省委发出《认真学习邓小平同志〈关于目前形势和任务的报告〉的通知》。

2 月 27 日 省委、省政府发出《关于农村经济政策的若干规定（试行草案）》，对扩大和尊重生产队自主权、粮食购销、建立生产责任制、收益分配、社队企业、自留地、家庭副业等问题作出了具体规定。

同日 省委、省政府召集省直各部门负责同志和到各市及重点企业帮助工作的同志，对抽调省直干部赴各市和重点企业帮助工作进行动员部署。

3 月 1 日 省委召开常委扩大会议，认真学习讨论党的十一届五中全会公报。会上，大家一致表示，坚决拥护五中全会通过的关于召开党的十二次全国代表大会的决议；坚决拥护增选中央政治局常委和关于成立中央书记处的决议；坚决拥护关于为刘少奇同志平反等决议、决定。同日，省委发出《关于认真学习和贯彻落实党的十一届五中全会精神的通知》。

3 月 4 日 全省植树造林广播大会召开。

3 月 16 日至 21 日 省委三届七次全体会议在郑州召开。会议研究了当前的主要工作，要求各级党组织要以学习贯彻党内政治生活准则和讨论党章（修改草案）为中心，切实做好党员的思想教育、抓紧培养和选拔接班人、逐步做到各级领导班子年轻化等项工作。

3 月 28 日 省委作出《关于组织全省党员认真学习贯彻〈准

则〉和讨论党章修改草案的决定》。

4月1日至5日 河南省各民主党派和工商联代表大会分别在郑州召开，选举产生各自的领导机构。

4月3日至12日 省高等学校工作会议在郑州召开。会议着重讨论和研究了高等学校如何加强和改善党的领导，进一步实现工作着重点转移的问题。

4月9日至19日 省委在郑州召开纪律检查工作会议。会议认真学习党的十一届五中全会文件，传达讨论了中央纪委二次全会精神，明确指出，党的纪律检查工作要为四化建设服务。

4月15日至22日 全省地、市委宣传部部长会议在安阳召开。会议按照党的十一届五中全会精神和省委有关决定，着重研究了切实加强党员的思想教育问题，同时研究了加强农村宣传工作问题。

4月21日至26日 省五届人大常委会举行第五次会议。会议听取了省计划委员会、省财政局、省计划生育领导小组工作报告和汇报；讨论了《中华人民共和国婚姻法》修改草案；原则批准省人民政府提出的《河南省采矿管理条例》。

4月26日至5月7日 全省司法行政和律师工作会议在郑州召开。会议总结了过去的工作，部署了1980年的任务，成立了省律师协会。

5月14日 伟大的马克思主义者和无产阶级革命家，前中共中央副主席、中华人民共和国主席刘少奇的骨灰迎送仪式在郑州举行。

5月15日至22日 省委、省政府召开全省工业交通工作会议。会议号召全省广大职工，继续贯彻“调整、改革、整顿、提高”的方针，确保完成全年增产节约计划，确保完成全年工业上缴利润任务，力争工业总产值比上年增长 8% 以上。

5 月 20 日 河南省中共党史学会成立。

5 月 22 日 河南省洛阳地区三门峡库区管理局成立。后改称三门峡市三门峡库区管理局。

5 月 31 日 河南省第一次优秀少年儿童文艺创作授奖大会举行。

6 月 10 日 省委第二书记胡立教向省直机关干部 3 000 余人作访美报告。5 月，应美国堪萨斯州州长邀请，段君毅、胡立教、李庆伟率河南省友好代表团访问美国堪萨斯州，并就与该州建立友好省州关系问题进行会谈。

6 月 24 日 省委决定建立省委老干部局，负责管理全省老干部工作。

6 月 经国务院批准，在原中专的基础上建立郑州纺织机电高等专科学校。1987 年改称郑州纺织工学院。

7 月 1 日 郑州贸易中心货栈大楼建成开业。这是全国供销总社在郑州设立的全国性贸易货栈。

7 月 20 日 河南省第一套两柱掩护式综合机械采煤设备在平顶山四矿投入生产。

8 月 6 日 省委发出《关于农业生产责任制问题的补充规定》，要求稳定各种形式的生产责任制。

8 月 15 日 在全国煤矿综合机械化采煤队竞赛评比中，河南省获 4 项冠军，平顶山十矿综采一队创全国综合采机快速搬迁新纪录。

8 月 26 日 省政府批准郑州大学、河南师范大学、新乡师院等 10 所大专院校同郑州、开封、洛阳等 6 市合作，试办大学分校和大专班。

9月1日至5日 省委、省政府召开全省工业企业扩权试点工作会议，学习贯彻党中央、国务院领导同志的讲话和国家经委《关于扩大企业自主权试点工作情况和今后意见的报告》。会议决定在郑州、开封、洛阳、新乡、安阳等城市各选一个企业，作为独立核算、国家征税、自负盈亏的试点。

9月3日 省委、省政府发出《关于山区经济政策若干规定》，确定山区实行以林为主，牧、农、副业全面发展的方针，改变过去以粮为纲单一经营的做法。

9月27日 省政府正式发出《关于贯彻国务院〈关于实行“划分收支，分级包干”财政管理体制的通知〉的通知》，规定从1980年起，省对地、市实行“划分收支、分级包干、增长分成、节约归己、一定五年”的财政体制，分级管理，“分灶吃饭”，加强党对财政工作的领导。

9月30日 省委批转全省劳动就业会议《关于做好城镇劳动就业工作的意见》。

10月5日 河南省运动员韩永进在广东广州举行的航海模型分项赛A三级竞速艇第一轮比赛中，以14秒72（122.238公里/小时）、分贝75.5的成绩，打破世界纪录。

10月7日至8日 省政府召开科技成果奖励大会。决定对345项省重大科技成果颁发奖励证书和奖金，其中一等奖5项、二等奖48项、三等奖119项、四等奖173项。

10月14日 国家计委、化工部和河南省联合投资兴建的水油法再生酸生产装置在许昌橡胶厂正式投产，这种装置在河南省是第一套。

10 月 22 日　全省经济体制改革问题研究座谈会召开。围绕当前经济体制改革实践中所提出的十多个专题，展开经济研究，促进改革实践。省政府决定在郑州国棉二厂等 6 家国营企业实行“以税代利、独立核算、自负盈亏”试点。

11 月 16 日至 25 日　省五届人大三次会议在郑州举行。会议听取并审议了省政府、省计委、省财政厅、省人大常委会、省高级人民法院、省人民检察院六个工作报告并作出相应决议；通过了有关人事任免事项。

11 月 19 日　河南省第一个无烟煤洗煤厂在焦作朱村矿建成投产，设计能力为年洗煤 70 万吨。

12 月 10 日至 13 日　省政府召开林业工作紧急会议。会议期间，省政府发出了《关于贯彻国务院〈关于坚决制止乱砍滥伐森林的紧急通知〉的通知》和《关于切实搞好冬春植树造林的通知》。

12 月 11 日　省政府发出《关于严格控制物价、整顿议价、开展物价大检查的通知》。

12 月 28 日　省政府发出《关于稳定市场价格的指示》，强调指出人民生活必需品的销售价格不得随意提高，各种议价商品的零售价格只能降低，不能提高；非商品服务收费标准一律不准提高。

12 月 30 日　第二次全省森林资源清查工作结束。查清河南省现有林业用地 5 758.6 万亩，其中有林地 2 632 万亩、宜林地 3 125 万亩，林木蓄积量 6 822 万立方米。

1981年

1月1日 开封空分设备厂和第一机械工业部郑州机械研究所研制成功中国第一台高参数的高速双圆弧齿轮。

1月11日至16日 全省计划工作会议在郑州召开。会议根据中央关于在经济上实行进一步调整的方针和省委工作会议精神，对省五届人大三次会议原则通过的河南省1981年国民经济计划进行了调整。

1月12日 河南省最大的矿井通风设备——国产3.2MK4-73-01型离心式扇风机，在平顶山八矿投入使用。

1月16日 水利部郑州水利机械研究所和郑州水工机械厂设计制造成功CTJ-42型四臂重型凿岩台车，填补了中国重型施工机械的一项空白。

1月17日 省政府批准，新乡地区建立教育学院。南阳等4地区和郑州等4市相继恢复和建立教师进修学院，培训中学教育行政干部和教师、提高管理和教学水平。

1月25日 河南省地方铁路周口至漯河段通车。全省已有9个地区55个县（市）通了小火车，共有地方铁路12条，总长1 100多公里，居全国第一位。

1月 中央对河南省委领导成员进行调整：调省委第一书记段

君毅、第二书记胡立教分别到北京市委、上海市委工作，任命刘杰为河南省委第一书记。

2 月 10 日 洛阳矿山机械研究所研制成功三项新成果：大型露天矿高效穿孔设备 KY–310 牙轮钻机，填补了中国牙轮机系列中的一项空白；SZG/700 和 SZG/500 型竖井钻机，是中国当前钻井能力最大的钻机；ZGLM–4075 共震筛，是中国当前最大的分筛机械，也是世界上有数的大型筛分设备之一。

2 月 11 日 省政府批准成立郑州铝厂工学院等 7 所高等职工学校。

2 月 13 日 平顶山八矿第一期工程竣工投产，设计能力为年产原煤 100 万吨。这是中国自己设计和建成的大型现代化竖井。

3 月 10 日 省总工会、团省委、省妇联等 7 个单位联合发出通知，要求各级工会、团委、妇联等有关单位和部门积极行动起来，在全省特别是青少年中，开展“五讲”“四美”文明礼貌活动。

3 月 10 日至 22 日 全省科技工作会议召开。会议指出，为了适应国民经济调整的需要，必须调整科技工作的任务，把工作重点真正放到国民经济发展的需要上来。

3 月 16 日至 20 日 省五届人大常委会举行第九次会议。会议传达了第五届全国人大常委会第十七次会议精神；学习了国务院《关于调整 1981 年国民经济计划和国家财政收入的报告》；听取和审议了省民政局关于县级直接选举工作情况的报告；作出了《关于批准省人民政府调整 1981 年国民经济计划和财政收支报告的决议》；批准《关于审理经济纠纷案件征收诉讼费的试行办法》；决定由副省长戴苏理代理省长职务。

4 月 7 日 安徽省委第一书记张劲夫带领安徽安庆、宣城、宿县三地委负责同志，到河南考察“统一经营，联产到劳”农业生产责任制。

4月11日 开封仪表厂设计、制造出中国第一套大型原油自动计量装置（每小时最大流量6 000立方米），经国家技术鉴定，在青岛、黄岛油港交付使用。

4月13日 中共中央批准于一川、李宝光任河南省委书记。

4月15日 三门峡水力发电厂总装机容量25万千瓦的5台机组，投入全负荷发电。

4月20日 郑州长途通信枢纽大楼竣工开通投产，这是河南容量最大、设备先进，包括载波、微波通信的枢纽工程。

4月26日 全省首届农村业余文艺调演在郑州举行。这是河南省第一次由农民组成的文艺队伍登上省会舞台。

4月30日 洛阳玻璃厂研制成功的“洛阳浮法玻璃工艺”通过国家技术鉴定，填补了中国平板玻璃发展史上一项空白。

5月1日 河南省和美国堪萨斯州建立友好省州关系协议书换文仪式在省人民会堂举行。

5月3日至8日 省委召开农业生产责任制会议。会议讨论修改了《统一经营、联产到劳生产责任制试行办法》《包产到户生产责任制试行办法》《包干到户生产责任制试行办法》三个草案，要求各级党组织认真研究实行农业生产责任制后出现的新情况、新问题，参考三个试行办法，缺啥补啥，加强领导，因地制宜地搞好完善和稳定工作。

5月7日至11日 省委、省政府召开全省工业交通工作会议。会议确定今后工交战线要坚持以调整为中心，以提高经济效益为目标，努力增产节约、增收节支，保证完成全年生产计划和财政上交计划，实现财政平衡、信贷平衡、物价稳定。

5 月 11 日至 15 日 省人口普查工作会议在郑州召开。会议传达了中共中央、国务院批转的《关于第三次全国人口普查工作安排意见的报告》和全国人口普查办公室主任会议精神，讨论安排人口普查准备工作。

5 月 25 日至 28 日 省五届人大常委会举行第十次会议。会议听取和审议了省教育厅、省物价局、省建委有关工作情况的汇报并作出相应决议；批准《河南省征收超过标准排放污染物费的暂行办法》；通过了有关人事任免事项。

5 月 26 日至 6 月 2 日 全省棉纺工人首次操作技术选拔赛举行。17 人被命名为全省操作技术标兵，46 人为操作能手和单项操作能手。

5 月 29 日 河南省射击运动员巫兰英在第一届亚洲飞碟射击锦标赛中，夺得女子飞碟双向金牌。

6 月 27 日至 7 月 1 日 省政府召开工交企业实行经济责任制座谈会。会议明确了在全省工交、财贸、基建、国营农场等战线和行业大力推行经济责任制的指导思想，要求实行经济责任制的单位要自上而下层层建立健全岗位责任制，明确责、权、利，实现国家、集体和职工收入三增加。

6 月 28 日至 7 月 3 日 河南省伊斯兰教第一届代表会议、河南省天主教爱国会第三届代表会议及河南省基督教三自爱国运动委员会第三届代表会议同时举行。

7 月 19 日 省政府作出《关于加速畜牧业发展的若干规定》。

7 月 24 日 教育部批准，建立商丘师范专科学校，筹建河南省经济学院。

7月 中共中央决定韩劲草调任河南省委书记。

8月1日至8日 省委召开治安工作会议，学习中央召开的五大城市治安会议精神，部署下半年整顿全省城乡社会治安工作。

8月12日 中共中央主席胡耀邦到焦作市视察。胡耀邦接见了焦作矿务局主要党政领导，听取了焦作市委和焦作矿务局的工作汇报。

8月17日至20日 省委、省政府召开工业生产紧急会议。会议要求，要本着思想工作领先的精神，进行层层大发动、大动员，齐心协力，千方百计搞好生产，完成本年度生产计划。

8月25日 省委、省政府发出《关于贯彻中共中央、国务院〈关于保护森林、发展林业若干问题的决定〉的若干规定》。

9月9日 中共中央办公厅发出通知，为河南、甘肃等省的“红旗党”问题平反。

9月16日至23日 省水利工作会议召开。会议决定迅速把全省水利工作的重点转移到管理上来，将水利工作由外延为主转向内涵为主，切实搞好现有工程的管理。

9月21日 河南省射击运动员巫兰英、冯梅梅，在1981年全国射击分项赛的女子飞碟双向团体赛中，以194中的同样成绩打破世界纪录。

10月15日 河南人民胜利渠开闸放水，引黄河水经卫河流向天津，解决天津严重缺水问题。

10月26日 中国与日本旭化成公司签订合同建立的第一锦纶帘子布厂——平顶山锦纶帘子布厂如期完成施工安装任务。

11月12日 河南省当前最大的外径为5.082米的特大型轴承，在洛阳轴承厂试制成功。

11月13日至22日 省林业工作会议在郑州召开。会议指出，在指导思想上要把以生产木材为目的，转向以扩大森林资源、维护生态平衡、发挥森林的综合社会效益为目的，把发展林业生产放在办大农业的战略地位上来抓，山区、平原一起上，努力扭转全省林业的落后局面。

11 月 21 日至 27 日 省委、省政府在郑州召开全省劳动就业工作会议，传达贯彻中共中央、国务院《关于广开门路，搞活经济，解决城镇劳动就业问题的若干规定》，研究部署全省劳动就业工作。

11 月 24 日 在 1981 年秋季广州中国出口商品交易会上，河南省与 52 个国家和地区的贸易界人士签订了 1 200 多份合同，成交总额达 7 000 多万美元，比 1980 年秋季交易会增长 10%，创历届交易会最高纪录。

11 月 28 日 省政府授予禹县郭连公社张涧大队赵趁妮“爱国拥军模范”的光荣称号。12 月 12 日，中国人民解放军驻河南部队授予赵趁妮“三级英雄模范”称号。

12 月 9 日 开封太阳能电池厂设计安装的中国第一座太阳能充电站在内蒙古巴彦淖尔盟草原落成使用。

同日 安阳市计量所受国家计量局委托，完成 GC–2 型指针式光度计和 GC–2 型光度计科研任务，填补了中国光度计量测试方面的空白。

12 月 22 日 国家电力工业建设的重点工程——平顶山到武昌全长 600 公里的 50 万伏超高压输变电工程建成并网送电。这是中国第一条电压等级最高、输电线路最长、输电能力最大、技术最先进的输变电线。

12 月 29 日 河南省第一座容量为 9 000 吨的大型冰库在郑州肉类联合加工厂建成使用。

1982年

1月5日 平顶山水泥厂建成投产。这是河南省第一家采取半干法生产水泥的大型企业，工艺先进，年产五百号水泥30万吨。

1月6日 洛阳六一三研究所研制成功LY-1型晶体管式心电向量图机，为国内首创。

1月13日 省政府发出《关于开展全民义务植树运动的通知》。要求各地、市、县人民政府建立绿化委员会，把义务植树纳入整个造林计划。

同日 省军区召开地、市委书记兼军分区、警备区、武装部第一政委座谈会，研究新形势下如何更好地发扬党管武装的优良传统，发挥兼第一政委的作用，进一步加强民兵建设等问题。

2月5日 省政府召开农村教育工作会议，研究部署农村中学调整工作，确定将部分农村普通中学改为职业、农业中学。

2月8日 省委、省政府召开整顿工业企业动员大会，贯彻落实中共中央、国务院关于国营工业企业进行全面整顿的决定，对河南全面开展国有工业企业整顿进行动员部署。9日，省委、省政府发出《关于全省国营企业全面整顿安排问题的通知》。

2月9日 省委、省政府发出《关于全省国营企业全面整顿安排问题的通知》，要求各级党委和政府扎扎实实地对国营企业分期分批进行整顿工作，要全面规划，搞好试点，取得经验，指导全面，要把企业整顿同工业调整、改革、技术改造紧密结合起来。

2 月 10 日 中牟县受农业部种子局委托，培育出无籽西瓜优良品种，并接受日本定购的制种任务。

2 月 12 日至 16 日 省计划生育工作会议在郑州召开。会议鉴于去年年底河南总人口已超过山东成为全国第二人口大省等新的情况，要求各级党委和政府高度重视计划生育工作，采取有效措施，严格控制人口增长，并从上到下逐级建立计划生育委员会，专抓计划生育工作。

2 月 15 日 洛阳市、开封市被国务院批准为中国第一批历史文化名城。

2 月 21 日至 28 日 省委召开农村工作座谈会，联系河南实际，讨论继续学习宣传和贯彻落实中共中央 1982 年“一号文件”——《中共中央批转全国农村工作会议纪要》。会议认为，河南农村已经普遍建立的以联产计酬为主的各种形式的生产责任制适合生产力发展水平，广大干部群众是满意的，大规模变动时期已经过去，今年主要是如何稳定、完善的问题。

2 月 22 日 省委宣传部召开省辖市市委宣传部部长会议，传达贯彻中共中央办公厅批转中央宣传部《关于深入开展“五讲四美”活动的报告》，具体部署全省搞好今年第一个“全民文明礼貌月”活动。

2 月 23 日至 28 日 省五届人大常委会举行第十四次会议。会议听取和审议了省政府《关于河南省 1982 年经济和社会发展计划的报告》并作出相应决议；听取和审议了省物价局、省公安厅关于当前市场物价形势和社会治安情况的汇报；通过了有关人事任免事项。

2 月 26 日 河南省新闻工作者协会和河南省新闻学会成立。

3 月 2 日 省委书记、省委纪律检查委员会筹备组组长赵文甫就安阳市郊区物资站和安阳县高庄公社物资站倒卖汽车案，在省电视台作《坚决打击经济领域里的犯罪活动》电视讲话，要求党员干部自觉遵守党纪国法，自觉抵制资产阶级自由化思想的侵蚀，警惕经济犯罪分子“糖衣炮弹”的袭击。

3 月 10 日 河南省第一条合成纤维印花绸生产线在新乡丝绸厂建成。

3 月 22 日至 29 日 省政府召开全省工业交通工作会议，贯彻全国工交会议精神。会议要求全省经济战线把指导思想转移到提高经济效益轨道上来，并狠下功夫切实作出成效。

3 月 24 日至 28 日 省政府召开全省科技工作会议，具体部署组织“科学技术年”工作。

3 月 25 日 平顶山帘子布厂建成投产。

同日 省政府颁发《关于保护野生珍贵稀有动物和植物的布告》，要求全省人民积极保护和发展珍贵动植物资源。6 月，省政府先后批准建立灵宝县小秦岭等 13 个自然保护区，连同 1980 年批准建立的内乡县宝天曼自然保护区，全省共有 14 个自然保护区。

4 月 2 日 濮阳油田（中原油田）六〇一七钻井队打成第一口深勘探井，井深 5 200 米。

4 月 5 日至 11 日 省委宣传部在林县召开农村宣传工作座谈会，研究农村实行家庭联产承包责任制后如何加强思想政治工作问题。

4 月 23 日 省委、省政府、省军区作出决定，授予龚善典“舍己救人的英雄民兵”荣誉称号。龚善典是正阳县皮店公社朱店大队基干民兵，1981 年 11 月 8 日，为抢救沉船落水群众牺牲。

4 月 30 日至 5 月 5 日 河南省工交、基建、财贸战线先进集体、劳动模范和先进生产（工作）者代表大会在郑州召开。

5 月 10 日 省政府颁布《关于保护野生珍贵稀有动植物的布告》，规定严禁在自然保护区内伐木、狩猎、放牧、挖药、垦殖。

5 月 11 日至 16 日 河南省第一届少数民族传统体育运动会举行。

5 月 13 日 省委、省政府召开省直机关处以上干部大会，要求有关部门抓紧落实河南与上海、江苏、浙江签订的经济技术协作项目，积极推广兄弟省、市先进经验，努力提高全省企业管理和技术水平。4 月，由 30 人组成的河南省代表团到上海、江苏、浙江参观学习，与 3 市共同商定了 85 个经济技术协作项目。

5 月 15 日 在全国击剑锦标赛中，河南运动员李华华获全国冠军，为河南夺得击剑项目的第一块金牌。

5 月 22 日 平顶山化肥厂建成投产。这是中国自己设计、制造、施工的中型氮肥企业，填补了河南省尿素生产的空白。

5 月 25 日 开封空分厂设计制造出中国第一台 H400 型离心式压缩机，各项技术经济指标完全达到设计要求，等温效率比原来生产的压缩机提高 7%。

6 月 12 日 省委、省政府作出《关于在全省开展向模范共产党员、劳动模范赵春娥同志学习的决定》。商业部追授洛阳市煤场工人赵春娥为全国商业特级劳动模范，全国妇联追认赵春娥为“全国三八红旗手”。

6月20日至24日 奥地利、德意志联邦共和国、中国三国跳伞友谊赛在郑州市上街机场举行。

6月21日至26日 省五届人大常委会举行第十六次会议。会议听取和审议省政府《关于组织河南省1982年“科学技术年”工作情况和意见的报告》，并作出相应决议；审议批准《河南省村镇建房用地管理实施办法》《河南省黄河工程管理条例》；通过有关人事任免事项。

7月1日至16日 全省第三次人口普查登记工作开展。根据这次人口登记普查，河南全省总人口为74 422 739人，比1964年第二次人口普查的总人口增加24 098 403人，成为仅次于四川的全国人口第二大省。

7月4日 省政府批准嵩县龙池曼等14个自然保护区，总面积127.8万亩。

7月13日 省委发出《关于进一步加强知识分子工作的决定》，要求各级党委继续加强领导，消除“左”的影响，深入贯彻党的知识分子政策。

7月16日 河南省第三次人口普查登记工作结束。全省总人口74 422 739人，人口密度每平方公里为446人。

7月17日 三门峡市中原量仪厂试制成功中国第一台活塞自动分选机，并通过国家技术鉴定。

7月20日 河南省最大的第一毛纺厂在开封建成投产。该厂拥有1万纱锭。

8月2日 黄河郑州花园口出现1.53万立方米/秒的洪峰。这是1958年以来黄河下游出现的最大洪峰。

8月6日 河南医学院教授董民声招收2名攻读博士学位研究

生。这是河南省首次招收博士生。

8 月 20 日至 25 日 省五届人大五次会议在郑州举行。会议听取和审议了省政府、省人大常委会、省高级人民法院、省人民检察院四个工作报告并作出相应决议。会议增选马瑞华为省五届人大常委会副主任，补选了省人民检察院安阳和中原油田分院的检察长。

8 月 29 日至 9 月 2 日 省委召开宣传工作会议，部署学习、贯彻、宣传党的十二大精神。

9 月 19 日至 25 日 河南省第五届运动会举行。

9 月 29 日 省委宣传部发出通知，要求各地、市、县委宣传部和省直各单位在学习、宣传党的十二大精神中，要把“五讲四美”活动深入持久地开展下去。

10 月 4 日 国内第一个良种群体的“榆树基因库”在获嘉县林科所建成。

10 月上旬 省委书记、副省长李庆伟率河南代表团就豫沪经济技术协作问题赴上海，同上海市委、市政府驻澳负责人举行会谈。这次会谈双方商定了 57 项经济技术协作项目。

10 月 15 日至 19 日 在全国国际式摔跤冠军赛中，河南选手史龙获古典式摔跤 48 公斤级冠军。

11 月 4 日 河南省人民武装警察总队成立大会举行。

11 月 4 日至 10 日 省政府在郑州召开城镇集体工业工作会议。会议提出，到 20 世纪末，全省城镇集体所有制工业总产值要达到 105 亿元，实现超过翻两番的目标。

11 月 5 日 省委、省政府发出《关于坚决贯彻执行中共中央、国务院制止乱砍滥伐森林紧急指示的通知》。

同日 省政府批准成立郑州市职工业余大学等 6 所职工大学。

11 月 8 日 省委、省政府授予杨皂“当代愚公”称号。

11 月 23 日 河南省第一个史志刊物《中州今古》创刊，在全国发行。

11 月 23 日至 12 月 6 日 省计划工作会议和全省商业、财政工作会议同时在郑州举行。会议讨论确定了 1983 年各项主要经济指标，提出 1983 年国民经济和社会发展计划要坚定地贯彻“调整、改革、整顿、提高”的方针，切实把全部经济工作转移到以提高经济效益为中心的轨道上来，集中力量进一步调整经济结构，有计划地改革经济体制，促使农业生产持续稳定增长，使整个国民经济稳步健康发展。

11 月 25 日至 31 日 省政府召开全省林业“三定”工作会议。会议强调，林业建设仍要坚持造林护林并重方针，力争到 20 世纪末森林覆盖率达 30%，实现木材蓄积量翻两番，林业总产值翻三番。

11 月 25 日 河南省第一座碳化砖厂在南阳县蒲山公社建成并投入批量生产，产品具有抗折、耐压、强度大等特点。

11 月 30 日 河南省第一部电影故事片《小城细雨》摄制完成。

12 月 19 日 在全国青少年航海模型通讯赛中，河南省共获 4 枚金牌、4 枚银牌和 18 枚铜牌。

1983年

1月7日 省政府发出《关于高、中级专业技术干部政治、生活待遇问题的规定》，明确规定知识分子政治待遇、夫妻两地分居、住房及生活待遇等问题的政策。

1月11日至16日 河南省农业战线先进集体、劳动模范、先进工作者代表大会在郑州召开。会上，省政府作出《关于表彰农业战线先进集体、劳动模范、先进工作者的决定》。

1月17日 省委召开三级干部会议，学习贯彻中共中央〔1983〕一号文件，讨论如何解放思想，放宽政策，进一步搞活农村经济问题。省委第一书记刘杰作题为《坚决贯彻中央一号文件，放开手脚，勇于改革，进一步开创农业新局面》的报告。

2月22日至26日 省五届人大常委会举行第二十次会议。会议听取和审议了省物价局、省计划生育办公室有关情况的汇报；通过了《关于省五届人大五次会议交由省人大常委会办理的13件提案的处理意见》《关于批准〈河南省征收排污费实施办法〉的决议》；决定省六届人大一次会议于1983年4月在郑州召开。鉴于戴苏理省长调离河南，会议决定由副省长何竹康代理省长职务。

2月25日 漯河市被评为全国“田径之乡”。

3月2日 省会30万军民走上街头，开展“三优一学”（优质服务、优良秩序、优美环境及学习雷锋和学习先进）活动。

3月7日 省委、省政府发出《关于坚决刹住干部在建房、分房中的不正之风的通知》。

3月17日 舞阳钢铁公司试制成超高压锅炉汽包用特厚钢板、人造机器用热轧特厚板等7种新产品，填补了国内空白。

3月30日 省委派出整党工作组，从即日起陆续进入省公安厅、郑州国棉三厂、河南师范大学、内黄县直机关和洛阳市第一百货公司，开始进行整党试点工作。

4月1日至5日 省第二次党校工作会议在郑州召开。会议根据全国第二次党校工作会议精神，确定从本年起对党校进行全面改革，实现正规化，即党校的任务要从短期轮训干部为主逐步转向正规化训练为主，加速培训革命化、年轻化、知识化、专业化的各级领导骨干。

4月9日 河南财经学院成立。

同日 河南省“五讲四美三热爱”活动委员会成立。

4月15日至29日 省政协五届一次会议在郑州举行。大会通过《团结起来，开创河南社会主义现代化建设新局面，为全面完成“六五”计划而奋斗》的政治决议。会议选举王化云为省五届政协主席。

4月17日 中共中央、国务院批准河南省级党政机构改革方案。

4月17日至29日 省六届人大一次会议在郑州举行。大会听取审议并通过何竹康代省长作的《关于河南省第六个五年计划的报告》，通过《河南省国民经济和社会发展规划》《河南省1982年财政决算和1983年财政预算报告》等决议。大会选举赵文甫为河南省六届人大常委会主任，何竹康为河南省省长。

4 月 21 日 河南运动员丰芸在全国围棋女子个人赛中夺得第一名。

4 月 25 日至 5 月 3 日 省工交工作会议和利改税工作会议同时在郑州召开。两会传达了全国工交工作会议和利改税工作会议精神，讨论了增加生产，提高经济效益问题，并对全省国营企业利改税工作着重进行了讨论，提出了实施办法。

4 月 26 日 新乡县胡庙公社农民李朝银自筹资金，办起河南省第一所综合性私人医院。

5 月 28 日至 10 月 24 日 省委先后分别批准郑州市委、洛阳市委、信阳地委、南阳地委、商丘地委、开封市委、新乡市委、平顶山市委、安阳市委、鹤壁市委、焦作市委、周口地委、洛阳地委、驻马店地委、新乡地委、许昌地委、濮阳市委领导班子。至此，全省地市机构改革基本完成。

7 月 6 日 省政府、省委纪委筹备组联合召开紧急电话会议，贯彻落实《国务院、中央纪委关于坚决制止乱涨生产资料价格和向建设单位乱派费用的紧急通知》。

7 月 7 日至 27 日 河南省陈氏太极拳代表队首次访问日本，先后在东京、京都、九州、北海道等地参观和交流技艺。

7 月 27 日 省政府决定，成立河南省烟草专卖局和河南省烟草公司,实行一套机构两块牌子。河南省烟草公司由省计经委代管。

8 月 1 日至 7 日 省委、省政府在郑州召开全省教育工作会议，传达贯彻全国高教和普教会议精神。18 日，省委、省政府作出《关于加强和改革教育工作的决定》。

8 月 10 日至 14 日 省政府在卢氏县召开林业生产责任制现场会，推广卢氏县放宽政策，实行开发性承包，全面完善林业生产责任制，林业生产迅速发展的典型经验。

8 月 18 日至 27 日 全省组织工作会议在郑州召开。会议强调，要有步骤、有计划地改革现行的干部管理体制和干部制度，实行组织部门统一管理和分部门分级管理相结合。

8 月 26 日 省委、省政府决定成立农业研究咨询机构——河南省农业发展研究中心，崔光华任主任。

9 月 5 日至 11 日 省六届人大常委会举行第三次会议。会议传达了第六届全国人大常委会第二次会议精神；听取了省政府《关于集中财力物力保证重点建设情况的报告》、省公安厅《关于河南省当前刑事犯罪活动和争取社会治安尽快好转的汇报》；作出了《关于河南省部分省辖市人大提前换届和各县（市）、市辖区、乡镇人大推迟换届问题的决定》《关于严惩严重危害社会治安的犯罪分子的决议》；会议还通过了人事任免事项。

9 月 9 日 经国务院批转，省政府发出《关于地市合并实行市管县体制的通知》。

9 月 15 日 在全国第六次“质量月”活动授奖大会上，河南省有 14 项工业产品获国家质量奖。洛阳市美术陶瓷厂的“九都牌”唐三彩获国家金质奖。

10 月 1 日 第五届全国运动会在上海闭幕。河南省体育代表团参加 14 项比赛，获自行车、女子标枪、女子双向飞碟射击 3 枚金牌、7 枚银牌、3 枚铜牌、1 项太极拳表演赛冠军。其中，打破 1 项国家射击（手枪慢射）团体纪录、1 项国家少年女子标枪纪录。

同日 郑州市邮政局开办国际特快专递邮件业务。

10 月 5 日至 8 日 河南省台湾同胞第一次代表会议召开。

10 月 11 日至 14 日 河南省首届佛教代表会议召开。会议宣布成立河南省佛教协会。

10 月 18 日至 22 日 省委宣传部、省委党校、省社科院在郑州联合召开全省理论讨论会，讨论建设有中国特色的社会主义，加强党对思想理论战线的领导、坚持四项基本原则，抵制和消除精神污染等问题。

10 月 21 日 省委发出关于组织全体党员认真学习《中共中央关于整党的决定》的通知。

10 月 23 日至 24 日 省政府召开全省扭亏增盈紧急会议，要求本年年底基本消灭经营性亏损，压缩政策性亏损 20% 以上，盈利企业提高盈利水平 10% 以上，力争超额完成本年全省财政收入计划。

11 月 13 日 省政府批准省教育厅、省计委、省劳动人事厅、省财政厅《关于建立河南省高等教育自学考试制度的请示》，决定先在郑州、洛阳、开封、新乡 4 市试行，待取得经验后，再逐步向全省推广。同日，省高等教育自学考试委员会正式成立。

11 月 19 日 河南广播电视新闻中心正式成立。

12 月 5 日 河南省科学院能源研究所研制的碱性锌 – 锰电池，通过技术鉴定，这项研究成果在国内为首例。

12 月 7 日 百泉农业专科学校、省种子公司等单位培育的小麦新品种“百农 3217”和小麦良种“7023”获农牧渔业部一等奖。

12 月 10 日至 14 日 河南省城镇集体和个体经济先进表彰大会在郑州召开。

1984年

1月1日　商丘—徐州公路建成通车。

1月13日至16日　河南省科技界表彰先进暨成果奖励大会在郑州召开。

1月21日　省政府发出批转省物价局《关于进一步放开商品价格的意见》的通知，指出小商品的产销实行市场调节、企业定价，是物价管理体制的重大改革。

1月30日　国务院副总理万里给新乡县七里营乡刘庄村党支部书记史来贺复信，祝贺刘庄1983年实现人均收入1 000元。

2月11日　国务院副总理田纪云到武陟县建立的第一批农村经济联合社视察。

2月12日　省政府发出《关于进一步放宽政策，大力发展城镇集体企业的若干规定》，指出对集体经济要进一步放开搞活，大力发展集体所有制经济，巩固和完善集体工业改革成果。

2月14日　省委、省政府联合发出通知，要求严格执行党的政策，保护个体商业户的正当经营活动。

2月18日　洛阳市、新乡市和禹县、灵宝、郸城、开封县被评定为全国全民义务植树先进单位。

2月27日至3月11日　河南省第五届民间音乐舞蹈调演举行。

2 月 29 日至 3 月 4 日 省委在郑州召开全省农村经济体制改革试点县座谈会。会议要求各地制定具体改革办法，先试点，然后总结经验，全面推广。

3 月 6 日 根据国家计委决定，河南、江苏两省经过充分协商，签订了《关于联合开发河南省永城煤田新店矿井技术经济协议》。

3 月 11 日至 13 日 省政府在郑州召开扶植老苏区建设会议。会议决定采取对口支援的办法帮助老苏区人民尽快把经济搞上去。

3 月 17 日 省委、省政府发出《关于大力发展农村商品生产的决定》。

3 月 18 日 全国第一个“关心下一代协会”——河南省安阳关心下一代协会成立，并设立了关心下一代奖励基金。

3 月 20 日 省委、省政府发出关于恢复河南省供销社的通知，同时决定撤销省商业厅供销社合作指导局。

4 月 3 日至 4 日 中共中央总书记胡耀邦、中共中央书记处候补书记乔石和共青团中央书记处第一书记胡锦涛到洛阳市、平顶山市视察工作。

4 月 19 日 中国面积最大、品种齐全的泡桐试验基地在河南省建成。基地包括禹县、扶沟等县，面积 4 500 亩，共植树 6 万余株。

5 月 12 日至 14 日 省科技体制改革座谈会在郑州召开。会上，50 多位开发性专业研究所所长，强烈要求改革科技体制，给研究所“松绑”。

5 月 15 日 按照整党要求，省委第一书记刘杰在省直机关处以上党员干部大会上，代表省委常委对照检查省委领导工作上存在的主要问题。

5 月 22 日 省委、省政府发出《关于支持和保护农村专业户的若干规定》。

同日 省政府批准，河南师范大学恢复河南大学校名。河南大学创建于 1912 年。

5 月 23 日至 26 日 省委、省政府召开城市经济体制改革座谈会。会议集中讨论修改了省委、省政府《关于当前经济体制改革若干问题的决定》。

5 月 26 日 秦岭金矿杨寨峪矿区建成投产，设计能力为日采选 500 吨矿石，是中国最大的黄金生产企业之一。

5 月 28 日 省委、省政府发出《关于发展乡镇企业的决定》。

同日 省政府批转省商业厅《关于当前商业体制改革意见的报告》。

6 月 1 日 河南省肿瘤医院建成正式开诊。

6 月 3 日 省政府批转省对外贸易厅《关于地市县经贸机构设置的具体意见》。

6 月 6 日 省委、省政府召开专员、市长会议，研究河南城市经济体制改革问题。会议还作出《关于当前经济体制改革若干问题的规定》。

6 月 12 日 省政府作出《关于进一步放宽政策，大力发展城镇集体企业的若干规定》。

6 月 14 日 省政府批准，河南新建河南体育专科学校、开封师范专科学校、新乡师范专科学校、驻马店师范专科学校、豫南农业专科学校等 6 所专科学校。

6 月 16 日 全省城镇集体工业现场会召开。会议决定，集体企业实行厂长责任制，要先于国营企业；副职由厂长提名，本企业同意，报主管部门备案。集体企业的干部要能上能下，能官能民。

6 月 18 日至 23 日　应河南省人民政府要求，美国堪萨斯州州长约翰·卡林率 123 人代表团到河南访问。双方经过友好协商，签订了 7 项协议。

6 月 19 日　省政府批转《安阳市经济体制综合改革试点意见》。

6 月 24 日至 26 日　河南省个体劳动者第一次代表大会在郑州召开。会议通过了《河南省个体劳动者章程》，成立了河南省个体劳动者协会，崔光华被推举为协会会长。

6 月 25 日　新乡县七里营乡刘庄村在北京航空学院购买 2 架“蜜蜂 3 号”超轻型飞机，成为中国农村大队集体经济购买这种飞机的第一家。

6 月 26 日　河南省文物保护委员会成立。

6 月 30 日　河南完成农村人民公社政社合一体制改革工作。这项改革于 1983 年 1 月试点，11 月全面展开，到 1984 年 6 月底全部完成。全省在 1973 个人民公社的基础上，建立了 1 980 个乡政府（含 6 个民族乡）。

7 月 9 日　省政府颁布《关于深入进行供销社体制改革的几项决定》。

7 月 25 日至 8 月 1 日　全省第二步利改税工作会议在郑州召开。会议传达了全国第二步利改税工作会议精神，研究部署河南省第二步利改税工作。

7 月 31 日　河南省对外文化交流协会在郑州正式成立。

8 月 1 日　省政府批准成立的“河南省人才交流咨询服务中心”正式办公。

8 月 13 日至 21 日　中国共产党河南省第四次代表大会在郑州举行。刘正威受三届省委的委托向大会作了《加强党的领导，坚持改革，进一步开创现代化建设的新局面》的报告。大会通过了《关于中共河南省第三届委员会报告的决议》和《关于省纪律检查委员会筹备工作报告的决议》。22 日，中共河南省第四届委员会举行第一次全体会议，选举刘杰任省委书记。23 日，中共河南省第四次代表大会选出的省顾问委员会和省纪律检查委员会分别举行第一次会议，选举于一川任省顾委主任，林英海任省纪委书记。

8 月 21 日 开封市和日本户田市结为友好城市。

8 月 31 日 中国第一座巨胎硫化车间在焦作市河南轮胎厂建成。

9 月 5 日 应美国堪萨斯州州长约翰·卡林的邀请，以省长何竹康为团长的河南省政府代表团赴美进行友好访问。

9 月 11 日至 14 日 中共中央政治局候补委员、书记处书记、国务院副总理姚依林到河南原阳县、温县、武陟县、新乡市和新乡县视察工作。

9 月 24 日 河南省第一届少数民族运动会举行。

10 月 7 日至 9 日 河南省首届工人运动会举行。

10 月 19 日 在全国无线操纵航空模型飞机比赛破纪录飞行中，河南省运动员申西林以每小时 326.382 公里的成绩，打破由苏联运动员保持 22 年之久的世界纪录。

10 月 24 日 省政府同中国国际信托投资公司在北京签署经济合作协议。

11 月 1 日 省科学技术干部局正式成立并开始办公。

11 月 3 日 共青团中央书记处第一书记胡锦涛与河南共青团干部座谈。

11 月 7 日至 10 日 省委宣传部在郑州召开全省理论宣传工作

座谈会，讨论如何搞好党的十二届三中全会精神的宣传，改进和加强理论宣传工作等问题。会议提出，要以改革精神，努力学习和宣传好《中共中央关于经济体制改革的决定》，推动当前改革。

12 月 1 日 经中央批准，河南决定开发以开封、洛阳、巩县为中心的中原旅游区。

12 月 2 日 河南省经济咨询团在北京成立。

同日 郑州市电信局 64 路程序控制自动转报设备安装竣工投产。这是河南省第一套自动接转电报装置。

12 月 6 日至 11 日 河南省首次人才交流大会举行。参加大会的有 3.8 万人次，到会洽谈的 1.7 万多人，招贤单位初步选定了 1 000 多人，有 955 名专业人员办理了调动手续。

12 月 8 日至 13 日 全省计划生育工作会议在郑州召开。会议宣布，今年是开展计划生育工作以来取得成绩最好的一年，现已完成两年前提出的控制人口增长的任务。明年全省计划生育工作将进入经常化、制度化的新阶段。

12 月 14 日至 19 日 省第七次妇女代表大会在郑州召开。会议表彰了河南省“三八”红旗手（集体）和“五好”家庭，选举产生了河南省妇联第七届执行委员会。杨碧如当选为执委会主任。

12 月 22 日至 27 日 省工会第九次代表大会在郑州召开。大会选出了省总工会第九届委员会，顾志平被选为省总工会主席。

12 月 30 日 省政府批转省机械电子工业厅《关于河南省机械电子工业体制改革意见》。《改革意见》以增强企业活力为中心环节，在计划体制、销售体制、原材料供应体制以及自有资金使用等方面做了重大调整。

1985年

1月3日　省政府发出《保护专业户、个体工商户合法权益的布告》。

1月4日　省委发出通知，要求各级党委立即组织全体党员、干部和群众认真学习邓小平《建设有中国特色的社会主义》一书。

同日　省委发出《关于批转省委宣传部、省教育厅党组〈关于河南省高等学校管理体制改革的若干意见（试行草案）〉的通知》。

同日　省委发出《关于批转省五讲四美三热爱活动委员会〈关于建设文明城市、创建文明单位经验交流会纪要〉的通知》。

1月5日至7日　河南省第一次新长征突击手代表大会召开。会上，团省委新命名118个新长征突击队，989名新长征突击手，树立新长征突击手标兵30名。

1月6日　省委、省政府作出《关于帮助山区和贫困地区尽快改变面貌的决定》。

1月6日至12日　省劳动人事厅召开地、市劳动人事局长会议。会议决定在劳动计划管理体制上再给企业下放八权，即干部调配权、工人调配权、企业职工退休审批权、企业干部奖惩权、奖金加班费提取使用权、自然减员补充权、集体企业招工权、转正定级审批权。

1 月 9 日 平顶山水泥厂建成投产。这是中国第一个自行设计、自行提供成套设备、采用大型立波尔回转窑进行半干法生产的水泥生产企业。

1 月 10 日至 20 日 全省财政税务工作会议在郑州召开。会议决定从 1985 年起，对地、市、县实行“划分税种、核定收支、上缴递增、补助递减、分级包干”的财政管理体制。2 月 25 日，省委、省政府发出《批转省财政厅〈关于全省财政税务工作会议情况的报告〉的通知》。

1 月 11 日 省委、省政府发出《关于认真贯彻中央〔1985〕1 号文件的通知》，要求各级党政领导干部必须深入改革实践，加强调查研究，认真按照市场需要改革农村产业结构，大力发展商品生产，进一步搞活农村经济。

1 月 17 日 省委批转安阳市委、市政府、军分区《关于城市民兵、预备役工作改革试行意见》。

同日 省政府批转省煤炭厅《关于改革河南省煤炭工业管理体制的报告》。

1 月 18 日 河南省第一个面向农村、为农民服务的中原农民出版社成立。

1 月 21 日 省政府发出《关于执行国务院〈关于国营企业厂长（经理）实行任期责任制的通知〉的通知》，确定从 1985 年 1 月起，凡是由上级任命的国营企业的厂长（经理）一律实行任期制。

1 月 25 日 河南省最大的农用地膜和彩印包装膜生产厂——河南省塑料地膜厂建成投产。

1 月 26 日 河南省第一家技术市场在洛阳开业。

1 月 28 日 省政府决定：河南省计划委员会和河南省经济委员会合并为河南省计划经济委员会；成立河南省经济体制改革委员

会，原河南省经济体制改革领导小组及其办公室同时撤销。

1月30日 省政府批转省第二轻工业厅《关于二轻工业体制改革意见的报告》，从河南二轻工业的实际出发，决定把二轻厅所属工业企业全部下放到所在地、市、县。

2月1日 省政府批转省商业厅《关于1985年城市商业体制改革几项工作安排的报告》。

2月2日 省政府批转省第一工业厅《关于河南省一轻工业体制改革意见的报告》。

2月7日 在北京举行的电脑汉字输入最新成就表演会上，河南王永民发明的五笔字型计算机汉字输入技术走上全面实用化的新阶段。

2月9日 由河南省和美籍华裔联合创办的黄河大学成立。1990年，黄河大学同郑州大学合并。

同日 省政府发出《关于成立省农村经济指导委员会的通知》，正式成立省农村经济指导委员会。

2月11日 省政府批转省纺织工业厅《关于纺织工业体制改革意见的报告》。

2月20日 河南省第一家生产经营金刚石制品的专业公司——郑州东方钻石公司成立。该公司生产的金刚石混凝土研磨机填补了国内空白。

2月25日 省政府批转省经贸委《关于全省对外经贸工作会议情况的报告》。

3月2日 省委批转省纪委《关于坚决刹住新的不正之风的报告》。

3月5日 河南省第一家国际经贸集团企业“中原国际经济贸

易中心”成立。

3 月 6 日　省委、省政府决定，将省委办公厅信访处和省政府办公厅信访处合并，成立河南省信访局，统管省委、省政府信访工作。

3 月 11 日　新郑县建立航空植保开发中心，购买了两架“蜜蜂 3 号”双翼双座多用超轻型飞机，成为中国第一个自己有飞机、有机场、有飞行人员的县。

3 月 15 日　省政府批转省教育厅、省计经委、省劳动人事厅、省财政厅《关于进一步改革城市中等教育结构、发展职业技术教育的报告》。

3 月 22 日　省委、省政府发出《关于精简会议、减少文件的若干决定》。

3 月 25 日　河南省第一部综合性年鉴——《河南年鉴》(1984 年卷) 出版发行。

4 月 3 日　河南省高校第一家出版社——河南大学出版社正式成立。

4 月 5 日　省政府批转省计经委《关于改进计划体制的若干暂行规定》。

4 月 7 日至 9 日　河南省首届农民田径运动会举行。

4 月 15 日　省政府聘请著名经济学家于光远为河南省特邀经济顾问的仪式在北京举行。

5 月 3 日至 6 日　省委第二期整党工作会议在郑州召开。会议要求各地、市、县整党单位，要进一步加强党性教育，切实抓好整改，并且从实际出发，创造性地搞好县级整党。

5 月 4 日　河南省常设技术市场正式开业。

5月6日 省体改委、省劳动人事厅、省财政厅作出《关于当前城市经济体制改革中若干问题的处理意见》。

5月9日至12日 省六届人大常委会举行第十三次会议。会议听取和审议了省司法厅、省审计局、省交通厅有关工作情况的汇报；审议了省人大常委会工作报告（初稿）；作出了《关于进一步发展同美利坚合众国堪萨斯州友好合作关系的决议》《关于向全省公民普及法律常识的决议》《关于加强审计监督工作的决议》；会议还通过了人事任免事项。

5月14日 省政府批转省卫生厅《关于卫生体制改革的报告》。

5月17日至20日 全省纪检工作会议在郑州召开。会议交流了纠正不正之风的情况和经验，强调要把纠正新的不正之风作为党性教育的重要内容，认真抓好，从根本上提高广大党员政治素质，保证和促进改革的顺利进行。

5月22日至26日 以日本北上市市长斋藤五郎为团长的日本北上市缔结友好城市访问团一行50人，到郑州、三门峡访问，并在三门峡市举办了日本北上市与三门峡市结为友好城市签字仪式。

5月25日 省委召开常委扩大会议，传达中央关于四川省委副书记兼省长杨析综接替刘杰工作的决定和中央领导同志对河南工作的谈话要点。

5月28日至6月4日 省政协五届三次会议在郑州举行。会议通过了《政协河南省第五届委员会第三次会议政治决议》等多项决议、报告。会议补选宋玉玺为政协河南省第五届委员会主席。

5月30日至6月7日 省六届人大三次会议在郑州举行。会议听取和审议了省政府、省计经委、省财政厅、省人大常委会、省高级人民法院、省人民检察院六个工作报告并作出相应决议；作出关于接受省六届人大常委会和省六届人大专门委员会部分组成人员辞去相关职务的决定；补选张树德为省六届人大常委会主任，郭坦等为副主任，并补选常委会委员 6 名；选举张志刚为副省长。会议提出议案 17 件，建议、批评、意见 855 件。

6 月 1 日 省委批转省委宣传部、省委政法委《关于在全省公民中五年基本普及法律常识的报告》。

6 月 5 日 省政府发出《关于认真执行〈国务院批转财政部关于农业税改为按粮食“倒三七”比例价折征代金问题报告的通知〉的通知》。

6 月 11 日 省财政厅根据中共中央、国务院和省委、省政府的指示精神，帮助贫困地区农民休养生息，决定对全省经济落后的贫困乡（镇）和苏区乡（镇）的困难农户，从 1985 年起分别免征和减征农业税 3 年到 5 年。

6 月 15 日 省政府批转省林业厅《关于林业体制改革若干问题的意见》。

同日 省政府批转省水利厅《关于水利工作体制改革意见的报告》。

6 月 24 日 省政府批转省物资局《关于改革物资流通体制的意见》。

6 月 27 日 省政府批转省劳动人事厅《关于 1985 年劳动人事制度改革意见的报告》。

7 月 2 日至 4 日 省军区召开师级单位主要领导同志会议。会议要求，继续抓好师级单位的整党工作，以整党促进精简整编，用精简整编检验整党结果，保证部队精简整编任务的顺利完成。

7 月 9 日至 12 日 河南省首届少先队代表大会召开。

7月10日 省长何竹康率领河南省对外经济技术合作代表团赴香港，举办河南省对外经济技术合作项目发布会。

7月20日 香港光大实业公司和河南省人民政府在香港正式签订经济合作协议书。

7月25日 河南省第一条彩色电视机生产线在开封无线电一厂建成投产。

7月28日 全国第一个最大的泡桐基因库在禹县建成。

8月8日 河南省第一家地方国营金融机构——中原开发信托投资总公司正式成立。

8月19日 省委、省政府发出《关于贯彻〈中共中央关于教育体制改革的决定〉的意见》。

8月24日 省政府发出关于印发《河南省利用外资暂行管理办法》的通知。

9月4日 省委、省政府发出《关于贯彻〈中共中央、国务院关于国家机关和事业单位工作人员工资制度改革问题的通知〉的通知》。

9月8日至10日 省第二期整党工作汇报会在郑州召开。会议要求各地注意抓住薄弱环节，实行分类指导，推动整党工作顺利进行。

9月10日 全省各地近千名教师代表在省人民会堂隆重集会，热烈庆祝第一个教师节。

同日 省政府批转省工资改革领导小组等部门《关于国营企业当前工资制度改革中若干问题处理意见的报告》。

9月18日 省委发出《关于停止党政机关增加机构、扩大编制的紧急通知》。

9 月 19 日　省政府批转《河南省农牧厅经济体制改革意见》。

9 月 27 日　晋、冀、鲁、豫四省接壤地区 15 个地市在河北省邯郸市签署中原地区经济技术协调会议定书，结为经济联合体。

10 月 3 日　平顶山市师范专科学校成立。这是河南省集资兴办的第一所高等师范专科学校。

10 月 5 日　中共中央政治局委员、国务院副总理万里在郑州召开部分师范院校负责同志及教育工作者代表座谈会，就如何发展师范教育、培养合格人民教师等问题进行讨论。

10 月 6 日至 18 日　第一届全国青少年运动会在河南举行。在这届青运会上，河南代表团获得 20 枚金牌、18 枚银牌和 18 枚铜牌，奖牌总数列全国第五。

10 月 10 日　省委、省政府作出《关于贯彻〈中共中央关于科学技术体制改革的决定〉的意见》。

10 月 17 日　省政府发出批转省物价局《关于价格改革出台情况和控制物价措施的报告》的通知。

10 月 20 日至 26 日　中共中央总书记胡耀邦先后到河南伊川、嵩县、栾川、内乡、淅川、西峡、灵宝、卢氏、洛宁、宜阳、登封、邓县和洛阳市视察，对河南山区建设，发展农村经济和加快改革等问题作了重要讲话。

10 月 20 日至 12 月 4 日　河南省第一届戏曲大赛分别在洛阳、新乡等地同时进行。参赛剧目共 20 台，包括豫剧、曲剧、越调、话剧等。获演出金、银、铜牌奖的剧目有《十五的月亮》《倒霉大叔的婚事》《拾来的女婿》《西湖公主》《齐桓公之死》和《斩御史》。

10 月 25 日至 30 日　省对外经济技术合作项目洽谈会在郑州举行，签订了 13 个项目合同、12 项协议。

11 月 3 日 省政府批转省城乡建设环境保护厅《关于河南省建筑业体制改革的意见》。

11 月 11 日 省政府发出《批转省计经委、省统计局〈关于建立健全宏观经济考核指标的报告〉的通知》。

11 月 23 日 省委、省政府发出《关于认真贯彻〈中共中央、国务院关于制止向农民乱派款、乱收费的通知〉的通知》。

12 月 3 日 省委、省政府发出《关于认真清理整顿临时机构的通知》，决定对省直机关现有的 106 个临时机构进行清理和整顿。

12 月 7 日至 10 日 省委召开全省农村整党工作会议。会议就全面完成这次农村整党提出要求。

12 月 10 日至 15 日 省经济体制改革座谈会在安阳市召开。会议集中讨论和交流了积极办好贸易中心、搞好金融和推进横向经济联合等方面的问题。

12 月 11 日 郑州杂技团演员孔红文在十一届蒙特利尔国际马戏杂技比赛中，荣获“银小丑”奖。她表演的“椅子顶”是中国参加这次比赛的唯一节目。

12 月 28 日 太焦铁路长（治）月（山）北段电气化工程竣工，交付运营。这是河南境内第一条电气化铁路。于 1983 年 9 月开工兴建。

1986年

2月中旬 河南初步制订出“星火计划”(即由国家科委会同省、市、自治区、计划单列市和国务院有关部门组织实用科技项目推广计划，宗旨是把科技送往乡镇企业、送到农村)。“星火计划”确定了河南“七五”期间的目标。

2月28日 为了适应经济体制改革和经济发展的需要，省委、省政府决定：成立河南省商业管理委员会，同时撤销省商业厅，省粮食局改为副厅级，归商业管理委员会领导；成立省轻工业厅，同时撤销省第一轻工业厅、轻工业厅；将省政府经济技术协作办公室升格为厅级机构；成立省医药管理局，由省计经委代管，同时撤销省医药总公司；将省城乡建设环境保护厅环境保护局改为省环境保护局（副厅级机构），归省城乡建设环境保护厅领导；将省农牧厅畜牧局改为省畜牧局（副厅级机构），归省农牧厅领导；成立省教育委员会，同时撤销省教育厅。

3月1日 省第一个重点建设工程平顶山锦纶帘子布厂扩建工程正式开工，并纳入“七五”期间国家重点建设项目。

3月4日至6日 省体改委在巩县召开12个改革试点县座谈会。会议指出，要学习推广巩县的经验，搞好县级综合体制改革。

3月10日 国家计经委决定，在晋东南和豫北焦作进行“集团项目”建设试点，投资40多亿元，建设大中型项目14个。这是国家加强横向经济联系的一种新尝试。

3月17日 省委发出《关于1986年工作要点》。

3月18日 江苏、河南、山东、安徽四省接壤地区15个地市建立淮海经济区。河南省的商丘、周口两地区为该经济区成员。

3月23日 省委、省政府决定成立河南省贫困地区领导小组。

4月1日 省委、省政府发出《关于减轻农民负担的若干规定》，要求各级党委、政府认真贯彻执行，把减轻农民负担落到实处。

4月3日 省职称改革工作会议在郑州召开。会议确定，改革职称评定工作，实行专业职务聘任制，将先在高教、卫生、科研三个系列试行，然后在全省逐步开展。

4月4日 省委、省政府就贯彻《中共中央、国务院关于加强土地管理、制止乱占耕地的通知》精神，发出紧急通知，要求各有关部门当好“土地卫士”，并运用各种形式宣传中共中央、国务院通知精神。

4月22日 兵器工业部与省政府在郑州签订经济合作协议，决定共同组织军工技术向民用工业转移，双方确定了第一批联合生产的重点项目。

4月30日 经国务院批准，郑州海关正式成立。

5月2日 省委办公厅、省政府办公厅提出《关于纠正不正之风中的十项政策界限》。

5月20日 新乡县刘庄农民自筹资金兴建的华星制药厂正式开工。

5月20日至24日 美国堪萨斯州州长约翰·卡林率友好代表团到河南访问。访问期间，双方签订了两省州合作意向书和关于互相确定联络单位发展经贸事业的协议、关于互派留学生的协议以及河南省继续参加堪萨斯州博览会的协议。

5 月 21 日至 23 日 省委、省政府、省军区在郑州召开河南省县（市）人民武装部改归地方建制会议。会议传达贯彻了中共中央、国务院、中央军委《关于县（市）人武部改归地方建制有关问题的通知》，研究讨论了移交工作。

5 月 22 日 国家林业部在商丘召开 22 个省、市参加的平原绿化现场会，总结推广该地区的经验。国家林业部授予河南省商丘、周口两个地区和 40 个县（市、区）“全国平原绿化先进单位”称号。

6 月 6 日 省委、省政府发出《关于贯彻执行〈中共中央、国务院关于进一步制止党政机关和党政干部经商、办企业的规定〉的通知》。

同日 河南省第一个眼镜市场——长垣县眼镜市场开业，成为全国四大眼镜市场之一。

6 月 9 日 洛阳市王茂军等 8 名青年自发组织成立“中国洛阳长江漂流探险队”，经过 48 天拼搏，于 11 月 12 日抵达上海市长江吴淞口，中国第一支长江漂流探险队获得成功。

6 月 18 日 三门峡市与陕西省渭南地区、山西省运城地区达成开展横向资金融通、实行跨省短期资金拆借协议，以促进秦、晋、豫三省“金三角”地区经济的发展。

7 月 10 日 为进一步加强对外事、外经、外贸工作的领导，省政府决定成立河南省外事、外经工作领导小组，省长何竹康任组长。

8 月 4 日 省委、省政府决定面向社会公开选拔省环境保护局局长和河南省畜牧局局长。

8月6日 省委、省政府决定成立河南省劳动就业局，同时挂河南省劳动服务公司的牌子，负责组织与管理全省劳动就业工作。

9月4日 中国第二条通信大动脉郑州至西安1800路中同轴电缆在西安交付使用。

9月11日至15日 省委召开第二次农村整党工作会议。会议讨论制定了《关于认真搞好村级整党工作的意见》，交流了村级整党试点经验，研究了整党工作中应当注意的问题等。

9月30日 郑州黄河公路大桥建成通车。

10月4日 中国从奥地利引进的、具有1980年代先进水平的第一条聚酰亚胺薄膜烧结生产线在郑州电缆厂投产。

10月7日 省委发出《关于认真学习〈中共中央关于社会主义精神文明建设指导方针的决议〉的通知》。

10月25日至30日 河南省对外经济技术合作项目洽谈会在郑州举行。洽谈会共签订合同13个，签订协议12项，总投资2亿多元。

11月1日 河南省女子乒乓球队在全国乒乓球锦标赛中夺得女子团体冠军，并取得女子双打冠军。

11月14日 应日本三重县知事田川亮三先生邀请，以省长何竹康为团长的河南省政府友好代表团一行7人赴日本访问。这次访问正式签署了河南省与日本三重县友好省县关系协议书，并就在经济、技术、文化等领域开展合作与交流等问题进行了探讨。

11月17日 为了适应劳动制度改革工作的需要，省政府决定成立省劳动争议仲裁委员会。

11月21日 省政府印发《关于发布改革劳动制度四个实施细则》的通知。

11 月 23 日 省委办公厅、省政府办公厅联合发出《关于鼓励科技人员下乡促进农村科技进步的意见》。

11 月 30 日 省第一家证券交易所——郑州市证券公司开业。

11 月 30 日至 12 月 3 日 国务委员兼国家计委主任宋平、国家计委顾问李人俊等一行到焦作实地考察，与焦作、新乡两市负责同志就如何开发利用当地资源问题进行座谈。

12 月 4 日 应中国农业银行总行的邀请，以单西朋德为团长的世界银行农村信贷项目专家预评估代表团抵达郑州，对河南省申请的农村贷款项目进行了预评估，并对郑州、开封和周口种植业、养殖业和农副产品加工业进行了实地考察。

12 月 5 日至 8 日 省委召开工作会议。会议全面分析了 1986 年全省的政治经济形势，确定了 1987 年的工作任务。

12 月 6 日 中国自行设计、自行建造、自行安装的第一套中型硝酸磷肥装置在开封化肥厂投入生产。

12 月 22 日 省第一家实行股份制的国营企业——郑州照相机厂举行股份经营入股仪式，股金来源分为国家股、企业股、社会股和个人股。

12 月 26 日至 27 日 中共中央政治局委员、国务院副总理田纪云到信阳、郑州视察工作，并同部分县委书记和厂长进行座谈。

12 月 31 日 国家“七五”重点建设项目西陇海路郑（州）宝（鸡）电气化铁路第一期工程郑州至三门峡段，经过一年零三个月的施工，正式运营。

1987年

1月7日　省委发出《认真传达学习〈邓小平同志关于当前学生闹事问题的讲话要点〉的通知》。

1月27日　省委、省政府作出《关于开展增产节约、增收节支运动的决定》。

2月17日　经省委、省政府同意，省委办公厅、省政府办公厅发出《关于扩大综合改革试点县管理权限的意见》，规定扩权后的试点县，在计划、财政、税务、金融、商业、物资、物价、工商管理等方面，原则上享有市、地一级的经济管理权限。

2月21日　省政府批转了省体改委、省人民银行会同各专业银行和有关部门提出的《关于深化河南金融体制改革的若干意见》。

3月2日至4日　全省科技工作会议在郑州召开。会议指出，放活科研机构、放活科技人员是深化科技体制改革的重点。

3月5日　省委作出《关于加强党的基层组织建设的决定》。

3月26日　省政府发布《河南省鼓励外商投资优惠办法》。

4月18日　中国第一座古墓博物馆——洛阳古墓博物馆建成。

5月2日　省委发出《关于认真贯彻〈中共中央坚决、妥善地做好报纸、刊物整顿工作的通知〉的意见》。

5月11日　全省地市商业局长会议在郑州召开。会议提出了全省国营商业体制改革的新目标，要求大中型企业实行承包经营；小型企业实行租赁经营。

5 月 12 日 河南王永民发明的“五笔字型计算机汉字输入技术”获发明专利权。

6 月 21 日 河南省历时 3 年零 6 个月、有 240 多万党员参加的整党运动全面结束。

6 月 21 日至 22 日 中共河南省代表会议在郑州举行。会议选举邓颖超、马文瑞、杨析综等 64 位同志为河南省出席中国共产党第十三次全国代表大会代表。

7 月 10 日至 13 日 省委在郑州召开全省政法工作会议。会议总结“严打”战役，分析研究当前社会治安状况，讨论部署下半年工作任务。

7 月 10 日至 19 日 省六届人大常委会举行第二十九次会议。会议听取和审议了省计经委等部门有关工作情况的汇报；审议通过了关于进一步贯彻执行义务教育法和河南省义务教育实施办法的决议等决议决定，还通过了其他人事任免事项。

7 月 25 日 平顶山锦纶帘子布厂二期工程提前完成施工。

7 月 27 日 省政府发出《关于采取切实措施坚决稳定市场物价的通知》。

8 月 11 日 省委发出《关于加强和改进企业思想政治工作的意见》。

同日 省政府转发了省商管委、体改委、财政厅《关于深化国营商业体制改革的意见》。

8 月 19 日 省政府对有关省预算内工业企业实行承包经营的财税办法作出新规定。

8 月 24 日 河南省法制局成立。

8 月 28 日 省政府批准，河南省高等学校本科、专科新生从 1987 年入学起，全面实行奖学金和学生贷款制度。

9 月 7 日至 9 日 省委、省政府在郑州召开全省整顿市场物价、打击制售假冒商品工作会议。

9 月 10 日 中国第一座园林式博物园——殷墟博物苑在安阳小屯殷墟宫殿遗址建成。17 日，中国殷商文化学会在安阳市成立。

9 月 14 日 河南省新闻出版局成立。

9 月 16 日 省委发出《关于改进和加强高等学校思想政治工作的意见》。

9 月 22 日至 26 日 省委、省政府在郑州召开全省农村工作会议，指出完善双层经营和服务体系，是当前深化农村改革的迫切任务。

9 月 26 日 洛阳机场正式通航。

10 月 10 日 河南国际信托投资公司同法国商业银行香港分行签订了 400 万美元利息优惠的 5 年期贷款协议。这是河南省非政府间引进的首笔中长期贷款，用于兴建河南“七五”重点工程——临汝焦化厂。

10 月 13 日 省委、省政府发出《关于加强森林资源管理、坚决制止乱砍滥伐，切实做好护林防火工作的通知》。

10 月 16 日 省委办公厅、省政府办公厅联合发出《关于鼓励科技人员下乡促进农村科技进步的意见》。

11 月 7 日 郑州近代化学研究中心成立。这是河南省第一所中外合办的科研机构。

11 月 11 日 省政府颁发《河南省全民所有制企业厂长（经理）

任期经济责任审计暂行办法》。

11 月 20 日　河南省第一家外资企业——开封格雷斯碳化硅有限公司碳化硅分厂建成投产。

12 月 17 日　省政府作出《关于进一步推进科技体制改革的若干暂行规定》。

12 月 20 日　省政府批转省体改委、供销社、财政厅《关于深化供销合作社体制改革意见》。

12 月 21 日　省政府发出《关于设立行政监察机构的通知》。

1988年

1月5日至8日 全省放活科技人员、搞活县级科技工作经验交流会在郑州召开。会议还向58名先进科技人员和6个先进集体颁发了锦旗、荣誉证书；将20.6万元的承包兑现奖金分别发给了2个承包集体和4名个人。这是河南省第一次奖励为农村经济发展作出贡献的科技人员。

1月11日 全国首家为债权人追讨债务的专门机构——郑州中原讨债公司在郑州开业。

1月14日至27日 省政协六届一次会议在郑州举行。会议听取并审议了省五届政协主席宋玉玺作的《政协河南第五届常务委员会工作报告》《关于本次会议提案审查情况的报告》，并通过了相应的决议。会议选举阎济民为省第六届政协主席。

1月15日至30日 省七届人大一次会议在郑州举行。会议听取和审议了省政府、省计经委、省财政厅、省人大常委会、省高级人民法院、省人民检察院六个工作报告并作出相应决议；选举产生了151名七届全国人大代表，省七届人大常委会组成人员，省人民政府省长、副省长，省高级人民法院院长。鉴于省人民检察院检察长候选人得票未过半数，会议决定：本次会议不再选举，待七届人大二次会议时重新选举。

1 月 31 日至 2 月 4 日 省政府在郑州召开全省贫困地区经济开发工作会议。这次会议的中心议题是认真贯彻落实国务院《关于加强贫困地区经济开发工作的通知》精神，坚持改革，加速贫困地区的经济开发，争取 1990 年基本解决全省贫困户的温饱问题，并使一部分地区能够稳定地走上脱贫致富的道路。

3 月 9 日 省政府在郑州召开全省城镇住房改革工作会议。会议提出争取在三年或多一点的时间内，基本完成全省城镇住房改革任务，使城镇住房开始走上商品化轨道。

3 月 29 日 “七五”重点工程之一、国家最大的黄金冶炼厂——中原黄金冶炼厂在三门峡市动工兴建。

4 月 2 日 河南省和江苏省经济技术协作协议正式在江苏签订。

4 月 20 日 河南省和比利时王国瓦隆地区建立友好合作关系协议书签字和换文仪式在比利时首都布鲁塞尔举行。

4 月 22 日 全国磨料磨具行业建立的第一个企业集团“二砂集团”在郑州成立。

4 月 23 日 河南省与山东省在郑州签订了经济技术合作协议。

4 月 24 日 省政府发出《关于深化卫生改革若干政策的通知》。

5 月 16 日 省政府批准《关于建设郑州经济技术开发区建设方案》。

5 月 18 日 省委办公厅、省政府办公厅发出通知，批转省委组织部、省劳动人事厅、省科学技术委员会联合颁布的《关于动员选派科技、管理人员下乡下厂的暂行办法》。

5 月 20 日 中国最大的铝工业基地——长城铝业公司在河南兴建。

5 月 30 日 国家“七五”重点工程之一——安阳彩色显像管玻

壳工程引进国际银团商业贷款，在北京人民大会堂正式签约。

6 月 15 日 河南省和意大利普利亚大区在郑州签订友好省区关系协议书。

6 月 26 日 全国第一条最长的光纤通信线路——武汉至郑州、长沙市架空光缆通信工程，经邮电部验收合格。

7 月 14 日 首家重点农业综合开发区——河南省黄淮海平原“七五”后三年开发建设协议书签字仪式在北京举行。

7 月 14 日至 22 日 河南省经济技术合作代表团赴江苏洽谈合作项目。河南、江苏两省共同提出了建立经济技术合作“混合委员会”，实行联席会议制度的意向。

7 月 17 日至 19 日 省首届农民运动会在郑州举行。

7 月 29 日 青海、甘肃、陕西、山西、河南、山东沿黄河 7 省区经济协作带成立，7 省区人民政府负责人在青岛签署了会议纪要。

8 月 20 日 省政府发出《河南省促进企业优化组合若干问题的规定（试行）》，共 17 条。

8 月 22 日 经国务院批准，确定新乡市为粮食购销体制改革试验区。

9 月 1 日 省政府发出《关于加强物价管理稳定市场的紧急通知》。

9 月 14 日至 19 日 河南省首届青少年运动会在郑州举行。

9 月 21 日 省政府与 13 个市、地签订了 1988 年度黄淮海平原农业综合开发协议书。

9 月 25 日至 10 月 5 日 河南省第一届艺术节在郑州举行。

10 月 18 日 安阳彩色显像管玻壳工程正式在安阳开工建设。

该工程是国家“七五”重点系统工程，总投资 6.9 亿元。

10 月 21 日 河南省经济体制改革研究会在郑州成立。

10 月 24 日 副省长秦科才、日本三菱商事株式会社常务董事柴田善昭代表双方签订《中华人民共和国河南省与日本三菱商事株式会社经济、技术、贸易合作意向书》等。

10 月 30 日 省政府发出《关于认真贯彻中共中央、国务院决定，切实做好公司清理整顿工作的通知》。

11 月 14 日至 17 日 省政府在郑州举行河南省首届对外经济技术暨贸易洽谈会。

11 月 25 日 省委办公厅转发省总工会党组《关于改善和加强地方党委对工会工作领导报告》。

12 月 8 日至 11 日 省文化工作会议在郑州召开。会议确定了河南艺术表演团体体制改革的方向。

12 月 10 日 省政府批准,郑州铝厂向社会发行股票 200 万元。郑州铝厂是河南试行股份制的一块“实验田”，向社会发行股票在河南是第一次。

12 月 14 日至 18 日 省六届政协常委会第四次会议在郑州举行。会议通过了《同心同德，艰苦奋斗，为治理整顿深化改革贡献力量》的决议。

1989年

1 月 1 日　省人大常委会建立新闻发布会制度。

1 月 2 日　河南省地矿厅成立。

1 月 16 日　河南省技术监督局成立。

1 月 16 日至 18 日　省委、省政府在郑州召开综合体制改革试点县座谈会。会议就县级综合改革如何进一步深化问题交流经验，进行研讨。

1 月 26 日　河南省残疾人首次代表大会在郑州召开。会上成立了河南省残疾人联合会。

2 月 5 日　经国务院批准，河南第一个国际航空港——郑州机场正式启用。

2 月 14 日至 17 日　省委工作会议在郑州召开，认真讨论了《1989 年全省工作的指导思想和主要任务》。

2 月 21 日　省委、省政府作出《关于进一步推进农业发展的决定》。

3 月 28 日　河南省国有资产管理局成立。

3 月 28 日至 4 月 2 日　河南省出口商品展销会在美国纽约的曼哈顿中美商品交易中心和中国贸易中心展厅举行。

4 月 13 日至 15 日　全省计划生育“双先”代表大会在郑州举

行。会议提出，1989 年河南省人口自然增长率必须明显降下来，力争不超过 13.5‰，总人口控制在 8 204 万。

4 月 20 日至 30 日 省七届人大二次会议在郑州举行。会议听取和审议了省政府、省计经委、省财政厅、省人大常委会、省高级人民法院、省人民检察院六个工作报告并作出相应决议；补选杨析综为省七届人大常委会主任，选举侯志英为省七届人大常委会副主任、吕永盛为省七届人大常委会委员、席宝山为省人民检察院检察长。

5 月 11 日至 13 日 省委、省政府在郑州召开全省政法工作会议。会议进一步明确“两手抓”的指导思想，部署以打击流窜犯为重点的“杀回马枪”工作。

5 月 12 日 “七五”期间河南省最大的水利基本建设项目——宿鸭湖水库除险加固主体工程完工。

5 月 22 日 省委、省政府召开各市、地、县党政负责人参加的保稳定、保生产紧急电话会议。

同日 省政府发出《关于进一步加强对贫困地区经济开发工作领导的通知》。

6 月 12 日至 15 日 省委、省政府在郑州召开全省深化企业改革工作会议。会议讨论和修改了河南省《关于完善发展承包经营责任制的意见》《关于继续做好 1989 年全省深化企业内部配套改革，深化企业管理工作的意见》《关于进一步促进企业优化组合的意见》。

6 月 18 日 省委、省政府在郑州召开全省基层组织建设会议。会议提出，各行各业的基层组织都有一个整顿和加强建设的问题，当前整顿的重点是农村基层组织和“七所八站”。

6 月 26 日至 28 日 省委常委会在郑州召开扩大会议，学习贯彻党的十三届四中全会精神。

7 月 10 日至 13 日 省政协六届常委会第八次会议在郑州召开。会议听取了副省长胡悌云的报告，一致认为，中共河南省委关于贯彻党的十三届四中全会精神的意见完全符合河南实际，是切实可行的，一致通过了《关于学习贯彻中共十三届四中全会和中共河南省委四届九次全会精神的决议》。

7 月 27 日 全省工业会议在郑州召开。会议指出，实现全省 1989 年工业四项目标的根本出路是：面向内部，深入挖潜，大搞增产节约，增收节支运动，用自己的力量战胜困难，使企业主动适应治理整顿的客观形势。

8 月 3 日 省委常委会讨论并通过了《省委、省政府关于保持廉洁、惩治腐败的若干规定》。

8 月 28 日 省委发出《关于贯彻〈中共中央关于加强宣传、思想工作的通知〉的若干意见》。

9 月 17 日 河南省黄金局在郑州成立。

9 月 18 日至 16 日 首届河南省企业文艺会演举办。

9 月 29 日 省会郑州举行庆祝中华人民共和国成立 40 周年大会。

10 月 4 日 省委常委扩大会议在郑州召开，认真学习中共中央总书记江泽民在庆祝中华人民共和国成立 40 周年大会上的重要讲话。

10 月 9 日 经省委、省政府批准，河南省经济广播电台向全省播音。

11 月 6 日 宋河粮液、宝丰酒荣获国家金奖。

12 月 1 日 开封黄河公路大桥和河南第一条高等级公路——国道 107 线新乡至郑州段正式通车。

12 月 10 日至 14 日 国家科委和河南、湖北、安徽三省联合在南阳召开第四次大别山贫困县经济开发会。会议研究了在治理整顿和深化改革的大背景下，如何将大别山的扶贫工作引向深入的问题。

12 月 15 日 省委、省政府和省军区发出《关于加强人民武装部建设有关问题的通知》。

1990年

1月31日　省委、省政府、省军区发出《关于组织民兵维护社会治安问题的规定》。

2月10日　省委宣传部、省总工会、共青团河南省委、河南省妇女联合会联合发出《关于加强领导，把学习先进人物活动广泛深入、持久地开展下去的通知》，省委宣传部编印的《永远闪耀的光辉——雷锋、焦裕禄、王进喜、赵春娥、史来贺、赖宁事迹学习材料》同时下发。

2月21日　省政府表彰1989年度企业改革先进单位。

2月24日　省委、省政府发出《关于组织党政机关干部下基层的通知》。

3月4日　省政府颁发《河南省〈扫除文盲工作条例〉实施办法》。

3月6日　省委发出《关于加强和改进农村思想政治工作的意见》。

3月7日　省委、省政府作出《关于实施〈河南省十年造林绿化规划〉的决定》。

3月10日　中共中央决定：调侯宗宾任中共河南省委书记。

3月16日至17日　省委召开常委扩大会，传达中共十三届六中全会精神。会议学习中共中央《关于加强党同人民群众联系的决定》。与会人员一致拥护中央决定。

3 月 21 日 省政府作出《关于加快山区开发建设若干政策的决定》。

3 月 27 日 省政府发出《关于进一步解决部分企业停工待工有关问题的通知》。

4 月 14 日 省委发出《关于建立健全地厅级领导干部学习制度的通知》。

同日 省委发出《关于进一步加强干部马克思主义理论教育工作的若干意见》。

4 月 21 日 省委、省政府发出《关于在全省开展向杨振北同志学习的决定》。

5 月 5 日至 7 日 省委四届十一次全会（扩大）在郑州召开。全会讨论通过了中共河南省委《贯彻落实中共中央〈关于加强党同人民群众联系的决定〉的实施意见》和中共河南省委《关于深入学习焦裕禄精神的决定》。

5 月 14 日 省委、省政府在兰考县召开纪念人民的好干部焦裕禄同志逝世 26 周年大会。

同日 省纪委、省监察厅印发《关于国家工作人员中党员、干部违法、违纪建造私房纪律处分的若干规定》。

5 月 22 日 省委发出《贯彻中共中央〈关于加强和改善党对工会、共青团、妇联工作领导的通知〉的意见》。

6 月 3 日 省政府颁发《河南省〈全民所有制工业企业承包经营责任制暂行条例〉实施办法的通知》。

6 月 10 日至 15 日 中共中央政治局常委、国务院总理李鹏率国家有关部委负责人到河南视察工作。

6 月 11 日 河南省中原电子显示技术开发公司研制的大型电子显示系统——中国第一屏，在北京亚运会主会场——北京工人体育场安装成功。

6 月 18 日 中共中央决定：调李长春任中共河南省委副书记并提名为河南省省长候选人。

6 月 22 日至 29 日 省七届人大常委会举行第十六次会议。会议听取和审议了省政府工作汇报；审议通过了关于修改《河南省城市建设管理办法（试行）》等法规；通过了关于全民动员、奋斗十年、基本绿化中州大地的决议等，决定任命李长春为省人民政府副省长、代理省长；还通过其他人事任免事项。

6 月 28 日 省委书记侯宗宾等同山东省委书记姜春云等山东省委、省政府有关部门负责人，签订了《河南省、山东省关于进一步发展长期稳定经济技术全面合作关系的协议》。

7 月 17 日 省委发出贯彻《中共中央关于坚持和完善中国共产党领导的多党合作和政治协商制度的意见》的实施办法。

8 月 13 日 济南军区司令员张万年、政治委员宋清渭签署命令，授予新乡县七里营乡刘庄民兵营“中州模范民兵营”荣誉称号，授予巩县小关乡竹林村民兵连“两个文明建设模范民兵连”荣誉称号。

8 月 18 日 全省 1.32 万名党政干部和科技人员，深入贫困地区，与 3 000 多个贫困村签订合同，包村扶贫。

8 月 23 日至 30 日 中共中央政治局常委、中纪委书记乔石来河南视察。

9 月 9 日 省委、省政府发出通知，批转了省委政研室、省农经委《关于在全省进一步推广农业双向承包责任制的报告》。10 月 10 日《经济日报》在一版头条位置发表长篇调查《深化农村改革的有益尝试》，并配发了评论员文章《加强农村经济改革的调查研究》，介绍河南农业双向承包责任制。

9 月 25 日 省委发出关于进一步贯彻落实《中共中央关于控制我国人口增长问题致全体共产党员、共青团员的公开信》的通知。

9 月 27 日 省委发出《关于贯彻〈中共中央关于加强高等学校党的建设的通知〉的意见》。

10 月 7 日 在北京举行的第十一届亚洲运动会闭幕会上，河南省乒乓球运动员邓亚萍当选为亚运会最佳运动员。

10 月 12 日 国家粮食部和河南省人民政府联合筹办的中国郑州粮食批发市场宣告开业。这是全国第一家全国性省际间议价粮食调剂交易市场。

10 月 17 日 河南 19 个县（市）列入对外开放地区。

10 月 29 日 省委副书记、代省长李长春与法国索恩－卢瓦尔省议会主席博蒙在省人民会堂共同签署了两省正式建立友好关系的协议书。

11 月 8 日至 12 日 中国共产党河南省第五次代表大会在郑州召开。省委书记侯宗宾作了《团结奋进，振兴河南，为夺取社会主义现代化事业的新胜利而奋斗》的报告。会议审议和通过了《中国共产党河南省第五次代表大会关于省顾问委员会工作报告的决议》《中国共产党河南省第五次代表大会关于省纪律检查委员会工作报告的决议》；选举产生了中国共产党河南省第五届委员会、顾问委员会和纪律检查委员会。

11 月 13 日 省委五届一次全会在郑州举行。会议选举侯宗宾为省委书记。全会通过了省顾问委员会第一次全会选举结果和省纪委第一次全会选举结果的报告。黎明当选为省顾问委员会副主任，主持工作。林英海当选为省纪委书记。

11 月 14 日 省统计局发布河南省第四次人口普查公报。公报宣布，全省总人口为 85 509 535 人。

1991年

1月4日 省委发出《关于在城乡基层深入开展社会主义思想教育活动的通知》。

1月5日 省委、省政府发出《关于开展向全省农业战线十面旗帜学习的决定》。

1月7日 三门峡市宣布虢国墓地一号墓地出土文物4 800余件，被专家誉为“天下第一剑”的铜柄铁剑将中国人工冶铁史上溯了一个多世纪。

1月11日 省政府发出《关于促进个体私营经济健康发展的通知》。

1月20日至25日 省委五届二次全会在郑州召开。会议原则通过了《河南省国民经济和社会发展十年规划和“八五”计划纲要（草案）》；通过了《中共河南省委1991年工作要点》；会议确定了“一高一低”的战略目标，即经济发展速度和效益要略高于全国平均水平，人口增长速度要略低于全国平均水平。

1月26日至27日 省委、省政府在郑州召开全省计划生育工作会议。会议指出，严格控制人口过快增长，已成为全省上下面临的一项刻不容缓的艰巨任务。

2月5日至11日 中共中央总书记、中央军委主席江泽民来河南考察工作。21日，省委发出《关于学习贯彻江泽民同志在河南视察期间的重要指示的通知》。

2月25日 省委、省政府作出《关于进一步深化农村改革全面发展农村商品经济的决定》。

2月26日 省委、省政府发出《关于开展向全省工业战线十面红旗学习的决定》。

2月28日至3月11日 省七届人大四次会议在郑州举行。会议听取和审议了省政府、省计经委、省财政厅、省人大常委会、省高级人民法院、省人民检察院等六个工作报告并作出相应决议；选举张志刚为省七届人大常委会副主任、王宏范为省七届人大常委会秘书长、马北方等16人为省七届人大常委会委员，选举李长春为省人民政府省长、范钦臣为省人民政府副省长。

3月7日 省政府颁发《关于商水县达到省颁平原绿化高级标准的嘉奖令》，表彰商水县成为全省第一个平原绿化高级达标县。

3月18日至20日 省委、省政府在商丘召开现场办公会。会议讨论审议并原则通过了商丘地区深化农村改革，全面发展农村商品经济的试验方案。

3月22日至26日 省经济体制改革暨企业工作会议在郑州召开。会议讨论通过了《关于搞好全民所有制大中型企业若干问题的决定》《1991年经济体制改革意见》，研究如何开展“质量、品种、效益年”活动等问题。

4月3日 省委、省政府发出《关于加强全省对外开放工作的决定》。

4月27日 河南省首次农田水利基本建设“红旗渠精神杯”竞赛表彰大会在林县召开。

5 月 7 日　省委、省政府下发了《关于社会治安综合治理工作的决定》。

5 月 16 日　省政府制定《河南省减轻农民负担暂行办法》。

5 月 24 日　商丘地区人民医院副主任护师吴静芳荣获国际南丁格尔奖。

6 月 14 日　省委咨询组成立。

6 月 25 日至 26 日　全省农村基层党组织建设经验交流会在新乡召开。会议对今后一个时期农村党建工作做了研究和部署，同时决定在全省推广新乡市开展的“一学双争”（学习史来贺，争当优秀党支部书记、争创先进党支部）及密县开展“两带一创”（党支部、党员带领群众共同致富、共同进步，创双文明户）活动的经验。

6 月 29 日　河南省庆祝中国共产党成立 70 周年大会在郑州举行。

7 月 1 日　全国第一个医药专营试点在南阳地区正式实施。

7 月 3 日　省政府在郑州召开“两扭两创”工作会议。会议动员部署在全省开展“两扭两创”（财政扭补创收、企业扭亏创税利大户）活动，促进财政走上良性循环的轨道。

7 月 16 日至 19 日　省委、省政府在漯河召开工业生产现场经验交流会，学习推广漯河经验。

8 月 16 日至 19 日　中共中央政治局常委、书记处书记李瑞环到河南考察工作。

9 月 1 日　国家“八五”计划重点建设项目——黄河小浪底水利枢纽前期工程举行开工大会。

9 月 10 日至 15 日　河南省首次成功举办中国郑州国际少林武术节。

11 月 13 日 全国扫盲和农村成人教育工作会议在郑州召开，部署今后的扫盲工作和农村成人教育工作。

12 月 12 日 中央电视台摄制的 6 集电视专题片《商战》播出。《商战》真实地反映了郑州商业大厦等 6 大商场在改革开放过程中全方位竞争的场面。

12 月 18 日 河南新飞电器集团在新乡宣告成立。

1992年

1月18日至2月21日 邓小平同志先后视察了武昌、深圳、珠海、上海等地，并发表了著名的南方谈话。3月1日，省委发出《关于认真传达学习、贯彻落实邓小平同志重要谈话的通知》，指出要在全面理解和掌握“谈话”精神实质上下功夫，紧密联系实际，促进改革开放和经济建设的大发展。

1月19日至20日 省计划生育工作会议在内乡县召开，强调要像抓经济工作那样抓好计划生育工作，要把河南计划生育工作提高到一个新水平。

2月15日 国务院总理李鹏于本日上午、20日下午和21日晚三次委托秘书及国务委员陈俊生或亲自打电话，听取河南省委、省政府关于豫西旱情的汇报，并作了一系列重要指示。

3月5日至15日 省政府在深圳举办对外经济技术合作项目恳谈会。恳谈会上，河南对外发布项目500多个，签订合同86项，总投资额9 000多万美元。

3月17日 省政府批转省劳动厅等单位《关于进一步推动企业破除“三铁”，转换经营机制若干问题的报告》，并要求各地立即贯彻执行。

3月18日 省政府和全省各地市、各厅局负责人签订目标管理责任书。

3月23日 省委、省政府组织的17个深化企业改革指导工作组赴全省各市、地，开展为期3个月左右时间的指导、督促工作，帮助各地加快改革开放的步伐。

3月23日至24日 省委、省政府在漯河市召开现场办公会议，论证审定漯河市综合体制改革方案，要求该市抓住机遇，大胆试验，大胆创新，先行一步，为全省改革开放和经济发展闯出一条新路子。

4月5日至7日 省委、省政府在郑州召开全省科技大会。省委书记侯宗宾，省委副书记、省长李长春分别作了题为《进一步动员和组织广大科技人员，投入经济建设主战场》《加快改革开放步伐，解放和发展科技第一生产力，加速振兴河南经济》的重要讲话。

4月7日 省政府转发《省计经委关于河南全民所有制工业企业转换经营机制的意见》。

4月10日 郑州海棠寺陆运口岸开通。该口岸是省政府1991年3月16日批准建立的二类口岸，也是中国内陆省的第一个陆运口岸。

4月13日 省政府召开常务会议，专题研究如何加快郑州贸易城建设步伐问题。会议成立了郑州贸易城建设领导小组。

5月3日至15日 省委书记侯宗宾，省委副书记、省长李长春，省委常委、副省长宋照肃带领各市地、省直综合部门主要负责人到广东学习考察。

5月4日 省政府发出《关于县乡行政事业单位转变职能，加强服务的通知》，要求按照“小政府、大服务”的方向，大胆进行县乡行政事业单位的改革，转变职能，加强社会化服务。

5月10日至22日 全国人大《义务教育法》检查组对河南贯

彻执行《义务教育法》的情况进行检查。

5 月 15 日 信阳地区举办首届茶叶节。

5 月 27 日至 28 日 河南省三级干部会议在郑州召开。会议提出，要进一步贯彻落实邓小平南方谈话精神，抓住机遇，深化改革，扩大开放，尽快把河南经济搞上去。省委常委、副省长宋照肃向大会做了关于广东省经济发展和改革开放情况的考察报告。

6 月 2 日至 11 日 以全国政协常委张祥为团长的全国政协视察团一行 34 人，对河南省洛阳、郑州等地的国营大中型企业进行为期 10 天的视察，并提出建议。

6 月 15 日 长垣县土地管理局与加拿大温哥华市侨泰综合开发公司签署了一份国有土地使用权出让合同。这是河南省第一家国有土地使用权向外商出让。

6 月 15 日至 19 日 省七届人大常委会举行第二十八次会议。会议听取和审议了省政府关于河南乡镇企业情况、“科技兴豫”情况、民族工作情况的三个汇报；审议通过了河南省人大常委会关于县、乡两级人民代表大会换届选举时间的决定和关于批准河南省 1991 年财政决算的决议。会议还通过了人事任免事项。

6 月 30 日至 7 月 2 日 全省企业三项制度（工资、劳动、人事）改革经验交流会在洛阳召开。会议总结经验，部署工作，要求全省要解放思想，坚定信心，加快步伐，全面铺开，把全省企业的三项制度改革推向深入。

7 月 6 日 洛阳市政府与亚洲世界（国际）集团香港机构合作项目签字仪式在洛阳举行。根据协议，洛阳将有偿出让 20 平方公里土地使用权，亚洲世界（国际）集团香港机构将投放巨资在洛阳开发兴建 10 大项目。这是河南省引进外资成片开发的重大突破。

7 月 28 日 由省政府主办，日本国际贸易促进会、中国国家旅游局驻东京事务所协办的河南省对外经济合作、投资环境说明会在东京日本国家新闻中心举行。

7 月 29 日 郑州高新技术产业开发区正式挂牌，这是经国务院批准建立的全国 27 个开发区之一。

8 月 11 日 国务院批准郑州市为内陆开放城市，享受沿海开放城市优惠政策。

8 月 12 日 省委、省政府发出《关于在漯河试办河南内陆特区的通知》，正式批准在漯河试办内陆特区。

8 月 13 日 国务院批准开放洛阳航空口岸，这是继贵阳、兰州、长春、深圳、宁波之后国务院今年批准的第六个航空口岸。

8 月 26 日 省政府召开全省搞活资金工作会议。会议指出解决资金问题，一是扩大增量，二是搞活存量。

8 月 31 日 郑州大学（工科）扩建工程奠基。这是河南省"八五"重点工程之一，是实现全省"一高一低"战略目标的一项重大措施。

9 月 3 日至 9 日 全国筹措教育经费、改善办学条件河南现场会在郑州召开。

9 月 10 日 郑州交易中心正式挂牌开业。

9 月 10 日至 15 日 1992 年中国郑州国际少林武术节在郑州举行。

9 月 11 日 中国郑州农业机械交易市场正式开业，这是我国农机行业第一个国家级市场。

9 月 16 日 泰国正大集团与河南轮胎厂代表在郑州举行组建合资公司签字仪式，双方同意采用合资经营形式组建合资公司。

9 月 20 日　中国第一家区域性油料批发专业市场——河南省中原芝麻批发市场在驻马店市挂牌开业。

9 月 25 日至 26 日　省人大常委会评议减轻农民负担工作会议在郑州举行。会议要求，坚决把农民负担压到《农民承担费用和劳务管理条例》规定的 5% 以下。

10 月 1 日　省政府决定从即日起，在全省放开食油购销价格。

10 月 10 日　郑州高新技术产业开发区以拍卖的形式，将一块名为“郑开国资一号”的房地产以 490 万元人民币的价格卖给了郑州烟草分公司。这是河南第一例国有资产拍卖，也是河南第一例不动产正式拍卖。

10 月 24 日　省委向全省各级党组织发出通知，要求认真学习贯彻党的十四大精神。

同日　郑州公路港正式开通。郑州公路港是中国内陆第一个开通的公路口岸。

10 月 28 日　郑州市证券公司开始正式办理郑州深市股票异地买卖业务。

11 月 4 日　省政府在洛阳召开工作会议研究豫西山区农业综合开发问题。

11 月 5 日至 8 日　省委五届五次全会在郑州召开。会议进一步传达学习党的十四大精神，讨论通过了《中共河南省委关于贯彻落实十四大精神，加快改革开放和现代化建设的决定》，研究部署当前工作。

11 月 12 日至 17 日　中共中央办公厅、国务院办公厅在郑州召开全国信访工作会议。会议研究如何加强和改革信访工作，使信访工作适应新时期的要求，更好地为改革开放和经济建设服务。

11月16日 中日两国政府在河南省最大的技术合作项目“中国河南省黄河沿岸稻麦研究计划”实施协议书签字仪式，在河南省农科院举行。

11月20日 郑州工业品批发交易市场开业。这是河南目前规模最大的工业品批发交易市场。

11月21日 商业部与河南省经济合作协议签字仪式在郑州举行。

12月5日 首届中华怀药节在武陟县举办，武陟县是全国“四大怀药”出口基地。

12月7日 省委召开省直领导干部会议。会议传达了中共中央关于河南省主要领导同志工作变动的决定：侯宗宾调中央工作，李长春任省委书记，马忠臣任省委副书记、代省长。

同日 省委、省政府向全省发出《关于进一步加快个体私营经济发展的决定》，对如何放宽经营范围，发展多种经营形式，扩大从业人员，优化经营环境，简化办证手续等做了具体的规定。

12月15日至19日 省七届人大常委会举行第三十一次会议。会议听取和审议了关于省七届人大六次会议筹备工作情况的汇报；审议通过了关于接受李长春辞去省人民政府省长职务的决定，关于任命马忠臣为省人民政府副省长、代理省长的决定，关于省七届人大六次会议主席团和秘书长建议名单，河南省归侨侨眷权益保护法实施办法；审查批准了《郑州市公路路政管理条例》；还通过了人事任免事项。

12月17日 中国城市综合实力50强和投资硬环境40优城市评选在北京揭晓。郑州进入全国50强和40优。

12月21日 全国城市卫生检查评比在北京揭晓。商丘市荣获县级市“十佳卫生城市”称号，郑州市被列入全国省会“卫生城市”，濮阳市、洛阳市被列入全国地级市“卫生城市”，南阳市被列入全国县级市“卫生城市”。

12 月 23 日至 26 日　省七届人大六次会议在郑州举行。会议选举产生 152 名八届全国人大代表；通过了关于接受杨析综辞去河南省人大常委会主任职务的决定。

12 月 26 日　国家“七五”期间重点建设项目安阳彩色显像管玻壳工程通过国家验收。

12 月 30 日　河南省第一个利用世界银行贷款建设的交通项目——国道 310 线郑州至洛阳段高速公路修建工程正式动工，以此为标志，全长 201.4 公里的郑汴洛高速公路全线开工。

1993年

1月3日 省政府批准《河南省奖励有突出贡献科技人员的若干规定》。

1月5日至8日 省计划和经济工作会议在郑州召开。会议改变了过去偏重于定指标、分投资、分物资的做法，重点是正确分析当前经济形势、发展趋势和国内外市场环境，合理确定宏观经济目标、发展重点和重大建设项目，以及相应的方针政策和改革措施。

1月7日至8日 全省市地工商局长会议召开。会议确定河南工商行政管理部门职能转变的基本依据和目标，是围绕建立社会主义市场经济新体制及国家政治、经济体制改革的要求，结合河南实际，逐步建立有中国特色的工商行政管理新体制。

1月14日至17日 省财政工作会议在郑州举行。会议就新的财税改革方案作了具体部署，并发布了1992年河南省财政收入首次突破百亿元大关的信息。

1月19日 省委办公厅、省政府办公厅转发了省体改委、省计经委《关于开展特别试点县（市）经济率先上新台阶活动的意见》，赋予了试点县（市）、地市一级的经济管理权限和部分省一级的管理权限，出台了配套政策。

1月21日 省委、省政府作出《关于切实减轻农民负担的决定》。

2 月 1 日至 3 日 河南省高校毕业生供需见面会在郑州召开，这是河南省高校毕业生分配方法的一项改革，意在建立大学毕业生就业的市场机制。

2 月 10 日 省政府颁布《河南省全民所有制工业企业转换经营机制实施办法》。

2 月 22 日至 24 日 省加快第三产业发展工作会议在郑州召开。会议强调放手、放开、放活，动员全社会力量，运用多种经济手段积极扶持，大力兴办河南第三产业，并逐步推向市场。

2 月 26 日 河南省首次技术成果拍卖会在省科技馆举行。

3 月 3 日至 10 日 1993 年河南省经济技术合作暨贸易洽谈会在香港展览中心举行。本次洽谈会签订合作项目合同 309 个（包括草签），总投资 128.45 亿元人民币。

3 月 8 日 国家“八五”重点建设项目——黄河小浪底水利枢纽土建工程施工国际招标标书在北京发售。

3 月 11 日 《人民日报》刊登反映河南省周口第一兽药厂制造假药案件的文章《阳光下的罪恶》，引起省委、省政府高度重视。12 日，根据省委常委会指示，省长助理钟力生受代省长马忠臣委托，组织召开打假联席会。13 日，省委召开常委会议，听取有关部门关于周口地区第一兽药厂制售假药案调查情况的汇报，研究部署对这一案件的进一步深入调查工作。

3 月 15 日 省政府发出《关于进一步推动全省“打假打诈”工作深入发展的通知》。

3 月 29 日至 30 日 省改革、开放、发展特别试点县（市）工作座谈会在密县召开。省委书记李长春在会上指出，要形成“十八罗汉闹中原”的局面，促进河南经济再上新台阶。

4 月 1 日 全省全面放开粮油价格，从而结束了长达 40 年的粮油统购统销的历史，实现了由计划向市场经济的根本转变。

4 月 7 日 中国人民武装警察河南省边防总队成立。

4 月 8 日 河南大学成立“河大董事会”，这是河南省高校体制改革迈出新的一步的重要标志。

4 月 13 日 国家科委为洛阳开发区授牌。这标志着继郑州之后，河南省又一开发区进入国家队。

4 月 13 日至 21 日 省政协七届一次会议召开。会议选举出林英海为政协河南省第七届委员会主席。

4 月 15 日至 23 日 省八届人大一次会议在郑州举行。会议听取和审议了省政府、省计经委、省财政厅、省人大常委会、省高级人民法院、省人民检察院六个工作报告并作出相应决议；选举产生省八届人大常委会组成人员，省人民政府省长、副省长，省高级人民法院院长和省人民检察院检察长。

4 月 24 日 河南省人民政府目标管理、“焦裕禄杯”竞赛表先大会在郑州举行。

5 月 9 日 省委书记、省人大常委会主任李长春会见了日本外务省特命全权大使远藤哲也一行。远藤哲也一行在豫期间访问了郑州、洛阳等地。

5 月 13 日至 17 日 全国小麦专家顾问组先后在永城县、偃师县召开小麦“一优双高”研讨会，对永城 50 万亩、偃师 30 万亩小麦高产开发田进行评审验收。

5 月 25 日 中宣部 1992 年度精神产品生产“五个一工程”获奖名单中，河南省委宣传部获组织工作奖；河南选送的文章、图书、曲剧作品、电视剧作品，分别获奖。

5 月 26 日至 29 日 中国首届木兰文化节在虞城县举行。

5 月 27 日 中国第一枚完全靠自己力量制造的华飞型 64 厘米彩色显像管玻锥在安阳彩色显像管玻壳有限公司下线，从而结束了中国不能制造大型屏幕彩色玻壳的历史。

5 月 28 日 中国郑州商品交易所挂牌交易，标志着河南省向市场经济又迈进了一大步，“郑州价格”的作用将更明显。

6 月 25 日 省委批转了省委组织部《关于在全省农村党组织中开展“两带一创”活动的报告》。

6 月 30 日 省委举行全省农村先进党组织、优秀共产党员表彰大会。

7 月 2 日至 4 日 全国民营科技型企业工作会议在郑州召开。这是我国民营科技型企业自诞生以来召开的第一次全国性工作会议。

7 月 6 日至 8 日 省社会治安综合治理委员会、省委政法委员会在安阳召开全省社会治安综合治理经验交流会，重点推广汤阴等地开展社会治安综合治理工作的经验。

7 月 14 日 省委、省政府在林县召开对外开放座谈会。省委副书记宋照肃通报了赴苏、浙、闽三省学习考察的情况，并联系河南实际提出建议。

7 月 19 日 省政府在北京钓鱼台国宾馆与全国 110 多位驻外使节举行交流会。

8 月 29 日 省委发出关于学习林县人民创业精神的决定。

8 月 30 日 河南省 1992 年度“五个一工程”表彰大会在郑州举行。

9月3日 在国家科委主持火炬计划实施5周年表彰会上，郑州开发区在全国52个开发区中被评为先进高新技术产业开发区，一举跨入全国开发区10强行列。

9月4日至5日 省政府在新乡市召开24家大中型企业座谈会。会议指出，要切实帮助企业解决实际困难，下一步企业的主攻方向是转变观念，提高效益。

9月9日 1993中国郑州国际少林武术节“今日河南”展览、河南省第三届“兴豫杯”展评大会、河南省科技新产品新技术交流交易会、“雄鸡杯”轻工产品技术博览交易会、河南籍海内外著名书画家作品展在同时宣布开馆的中原国际博览中心开幕。

9月15日 河南省与罗马尼亚布勒依拉县建立友好省县关系协议书签字仪式在郑州举行。

9月29日 省公安厅、省民政厅、省劳动厅、省人事厅、省教委和省土地管理局根据省政府的要求，分别公开宣布废除第一批群众反映最强烈、明显应该取消的乱收费项目。

9月30日 三门峡黄河公路大桥胜利合龙，这是继郑州、开封之后，河南又一座跨越黄河的特大型公路桥，连接河南、山西两省。

10月5日至20日 由古纳先生率领的世界银行代表团一行6人对河南小浪底移民工程进行了实地考察评估，对河南的各项移民安置工作表示满意，同时也提出了一些有益的意见和建议。

10月6日 全省农民负担监督管理工作会议在郑州召开。会议讨论通过了《河南省农村集体提留和统筹费财务管理试行办法》《关于建立健全农民负担监督管理工作制度的意见》《关于目前农民负担监督管理工作中需要明确的几个问题》。

10 月 7 日至 10 日　国务委员陈俊生在林县先后考察了分水闸、渠首、青年洞，并深入工厂、农村，考察了迅速发展的林县乡镇企业。15 日，《河南日报》发表了陈俊生《关于河南省林县自力更生艰苦创业精神的调查报告》。

10 月 27 日　省委办公厅、省政府办公厅发出关于转发省计经委《关于党政机关与所办经济实体脱钩的意见》的通知。

10 月 29 日至 11 月 10 日　国务院农民负担检查组到河南潢川、泌阳、长葛三个县对农民负担执法情况进行检查。

11 月 4 日　距今 5 000 年左右的两座大型宫殿建筑基址在河南偃师二里头遗址发现，这是全国目前发现的年代最早、规模最大的大型建筑夯土基址。

11 月 7 日　省委向全省各级党组织发出关于贯彻落实中共中央《关于学习〈邓小平文选〉第三卷的决定》的通知。

11 月 16 日　省委发出关于学习党的十四届三中全会通过的《中共中央关于建立社会主义市场经济体制若干问题的决定》的通知。

11 月 27 日　省委、省政府联合下发《关于在全省开展向张环礼同志学习的决定》。

12 月 2 日　郑州白鸽（集团）股份有限公司成立大会举行。8 日，河南省第一只公众股票“豫白鸽 A”在深圳证券交易所挂牌上市。

12 月 24 日至 27 日　省委五届八次全体（扩大）会议召开。会议审议并通过了《中共河南省委关于贯彻〈中共中央关于建立社会主义市场经济体制若干问题的决定〉的实施意见》。

1994年

1月4日 经国家科委审定，林县被确定为河南省第一个被国家科委批准的星火密集区。

1月6日 河南省第二只社会公众股河南神马实业股份有限公司股票在上海证券交易所正式挂牌交易。

1月12日 省物资厅整建制转为经济实体。

1月18日至20日 中国民主促进会河南省委成立暨第一次代表大会在郑州召开。

1月24日至31日 省委书记李长春率领河南省代表团到新加坡参观访问，并于27日在新加坡举办河南省对外经济合作及投资环境说明会。

3月2日 全国首家实施高等学历教育的民办高校——黄河科技学院在郑州宣告成立。

3月4日 省委、省政府召开1993年全省计划生育工作奖惩大会。

3月18日 中国轴承行业最大的经济联合体洛轴集团及洛阳轴承（集团）公司在洛阳成立。这标志着洛阳轴承厂由工厂制转向公司制，迈出了建立现代企业制度的第一步。

3月26日至29日 1994河南省出口商品（迪拜）洽谈会在阿

拉伯联合酋长国迪拜市举行。

4 月 4 日 省委、省政府作出《关于开展向雷锋式的好民警姚次会同志学习的决定》。

4 月 4 日至 8 日 全省对外宣传工作会议召开。会议提出，紧密围绕对外开放和经济建设，加强对外宣传力度，努力树立河南良好形象。

4 月 9 日 河南最大引黄工程新三义寨引黄灌溉工程建成通水。

4 月 12 日 省精神文明建设活动工作暨“三优杯”竞赛活动表彰会在焦作召开。洛阳、焦作等 45 个市地县获奖。

4 月 20 日 第三届三门峡国际黄河旅游节在三门峡市开幕。

4 月 20 日至 22 日 省委、省政府在郑州召开全省扶贫开发暨农村工作会议。省委、省政府决定，到 20 世纪末，基本稳定解决全省 760 万贫困人口的温饱问题。

4 月 21 日 1990—1992 年度河南省社会科学优秀成果颁奖大会在郑州举行。

4 月 22 日至 25 日 来自欧、亚、非、美四大洲由 33 个国家的 42 名教育官员和专家组成的联合国教科文组织国际教育规划考察团来河南，对郑州、洛阳等地城乡教育状况进行实地考察。

5 月 5 日 1993 年度河南省科技奖励大会在郑州召开。1993 年，河南科技工作中有 30 项成果获得了国家级奖励。

5 月 14 日 焦裕禄同志纪念馆落成暨焦裕禄铜像揭幕仪式在兰考举行。

5 月 14 日至 18 日 中共中央政治局常委、书记处书记胡锦涛到河南郑州、开封、新乡、焦作等地考察。

5 月 19 日至 22 日 中共中央政治局常委、国务院副总理朱镕基到河南考察。

5月24日至28日 “1994河南·海峡两岸经贸商务活动”在郑州举行。

6月8日 省委、省政府作出《关于到本世纪末稳定解决全省贫困人口温饱问题的决定》，要求到20世纪末稳定解决现有760万贫困人口的温饱问题。

6月15日 开（封）洛（阳）高速公路开封至郑州段北半幅建成通车。它的开通，标志着河南省高速公路实现零的突破，河南成为全国第12个拥有高速公路的省份。

6月16日至23日 省八届人大常委会举行第八次会议。会议听取和审议了省政府关于建立多层次社会保障制度情况等三个汇报；审议通过了《河南省技术市场条例》《河南省鼓励外商投资条例》；审查批准了《郑州市实施工会法办法》《郑州市城市供水管理条例》《郑州市禁止燃放烟花爆竹条例》；还通过了人事任免事项。

6月23日至25日 省委、省政府在郑州召开全省经济工作会议。会议从全面分析经济形势入手，重点研究国有企业扭亏增盈问题。

7月5日至17日 中央调查组一行10人到河南督促检查河南的反腐败工作。

7月8日 洛阳玻璃股份有限公司的H股在香港证券联合交易所正式挂牌交易。

7月10日 经国家科委批准，河南科技市场成为全国中部地区技术贸易中心。

7月12日至14日 省政府在项城市召开农村社会治安综合治理工作会议。会议指出，省委、省政府研究决定从现在起到明年年底，要用一年半的时间，全省统一部署，集中开展一场整治农村治安的斗争。

7 月 14 日　河南省国家税务局、河南省地方税务局同时宣告成立。

7 月 21 日至 24 日　中央宣传部、国务院办公厅在河南林州市联合召开全国农村精神文明建设座谈会。

7 月 22 日　全国双拥工作领导小组决定，以民政部、总政治部的名义，授予 136 个市（区）县为全国双拥模范城（县）。河南省获此荣誉称号的有：郑州市、商丘市、安阳市、洛阳市和开封市。

7 月 29 日　河南省 34 个贫困县的县长聚集在南召县，与省政府签订了到 2000 年稳定解决贫困人口温饱问题的目标责任书。

8 月 4 日　以省政协主席林英海为团长的河南省海外交流协会经贸代表团赴泰国访问。

8 月 8 日　上海质量体系审核中心向安玻公司正式颁发了经国家主管部门认可的质量体系认证证书。安阳彩色显像管玻壳有限公司在国内同行业和全省企业中，率先通过了国际标准质量体系认证。

8 月 19 日　中共中央、国务院批准河南省党政机关机构改革方案。按此方案，省直党政机构共设置 54 个，比现有的 77 个减少 23 个，精简 29.8%，其中省委机构由 11 个减为 7 个，省政府机构由 66 个减为 47 个。

8 月 22 日　全省精神文明建设“五个一工程”表彰会在郑州举行，大会向河南在 1993 年度全国“五个一工程”评选中的获奖者颁奖。

8 月 23 日　1992、1993 年度全国国内贸易优秀企业（金桥奖）

和优秀企业家（金星奖）评选揭晓，并在洛阳举行颁奖仪式。河南省的郑州商城大厦、漯河肉联厂等单位获奖，漯河市再生资源公司经理吕永明、郑州亚细亚集团股份有限公司总经理王遂舟等个人获奖。

8 月 24 日 副省长范钦臣在郑州会见了中国驻美国大使李道豫。李道豫大使此行旨在探讨河南省及郑州市、洛阳市发展同美国经济技术合作的前景等有关问题。

9 月 5 日至 9 日 由省旅游局、省体委、焦作市人民政府主办，温县人民政府承办的 1994 河南武术旅游节、中国温县第三届国际太极拳年会在温县举行。

9 月 6 日至 7 日 省委、省政府召开漯河综合配套改革现场办公会，实地考察了漯河高新技术开发区和部分企业，认真研究了《漯河市加速建设社会主义市场经济体制改革方案》。

9 月 8 日 河南省建设投资总公司、香港新中原国际企业有限公司和香港豫港企业有限公司在郑州举行签字仪式，共同组建豫港合作新中益（河南）电力有限公司。

9 月 8 日至 12 日 1994 河南国际武术旅游节暨第二届中国少林武术擂台赛在登封少林寺举行。

9 月 10 日 以国家督学郑启明为组长的国家教委“两基”督导检查组一行 6 人抵郑，对河南开展基本普及九年义务教育、基本扫除青壮年文盲的工作进行为期 10 天的检查督导。

9 月 10 日至 12 日 国务院总理李鹏来河南考察工作。

9 月 22 日 省小麦高产开发领导小组和小麦高产开发专家指导组经省政府批准成立。

9 月 23 日 省委、省政府批准，商丘地区由原来的“河南省深化农村改革、全面发展农村商品经济试验区”更名为“河南省商丘综合试验区”。

9 月 29 日至 10 月 2 日 应省政府邀请，新加坡内阁资政李光耀率领新加坡代表团对河南进行友好访问。

10 月 18 日 省委印发《关于贯彻落实〈爱国主义教育实施纲要〉的意见》的通知。

10 月 20 日至 24 日 1994 秋季全国糖酒商品交易会在郑州市举行。

10 月 21 日至 25 日 中共中央政治局委员、国务委员兼国家体改委主任李铁映到河南安阳、南阳、三门峡、洛阳、郑州等地考察文物保护工作。

10 月 25 日 省委发出《关于开展向十个农村先进党支部学习的决定》。

11 月 5 日 省委办公厅转发省委宣传部、省委组织部《关于认真学习〈邓小平文选〉第一、二卷的通知》，要求各级党委紧密结合本地实际，认真贯彻落实。

11 月 8 日 河南省与加拿大马尼托巴省建立友好关系协议书、两省关于开展经贸合作与发展友好关系总协议签字仪式在北京举行。

11 月 10 日至 23 日 中央社会治安综合治理检查组先后在郑州、洛阳、平顶山、驻马店、漯河 5 市地进行检查。

11 月 13 日 农业部在北京授予鲁冠球等 10 人“中国乡镇企业功勋”称号。河南新乡县刘庄农工商总公司总经理史来贺榜上有名。

11 月 18 日 省民政厅、省人事厅联合隆重命名表彰“河南十佳乡镇”。

12 月 15 日 郑州至九龙集装箱直达快运列车开行。这次列车每月对开 4 对，是我国内陆城市首列直达香港九龙的集装箱快运列车。

12 月 17 日至 21 日 省委五届十次全会在郑州举行。会议审议通过了《中共河南省委贯彻落实〈中共中央关于加强党的建设几个重大问题的决定〉的实施意见》。

12 月 22 日 河南省优秀民营企业家经验交流会暨河南省总商会揭牌仪式在郑州举行。

12 月 26 日 郑州至开封、郑州至薛店两条高速公路同时通车。这两条高速公路同时建成通车，结束了河南无高速公路的历史，是河南交通基础设施建设的重要突破。

12 月 30 日 郑州“四桥一路”及郑州北环跨线大桥正式通车。

1995年

1月3日 省农村基层组织整顿工作全面展开，由省、市（地）、县机关抽调的15 165名干部组成农村党建工作队，与乡镇干部结合，开展整顿工作，第一批整顿对象为5 318个村。

2月7日至11日 中共中央政治局委员、国务院副总理李岚清到河南郑州、开封、南阳等地的商业零售、批发企业，粮棉购销和农资供应企业考察。

2月12日 省委发出《关于在全省党员中深入开展学习建设有中国特色社会主义理论和党章，做合格共产党员和争当优秀共产党员活动的意见》。

2月14日 省政府举行新闻发布会，宣布中国河南驻新加坡代表处暨豫新国际有限公司正式成立。该机构的设立是河南实施开放带动战略中的又一重大举措。

2月24日至25日 全省环境保护工作会议在郑州召开。会议指出，今年全省环保工作的重点是：集中力量抓好以淮河流域水污染治理、沿黄城市群饮用水源保护为重点的水污染防治工作。

2月28日 河南省市地机构改革暨推行国家公务员制度工作会议在郑州召开。会议传达了《河南省市地机构改革实施意见》《河南省国家公务员制度实施意见》和《河南省国家行政机关现有工作人员向国家公务员过渡的实施办法》，部署了市（地）、县、乡机构改革和推行国家公务员制度工作。

3月22日至23日 省委、省政府在郑州召开全省乡镇企业工作会议，研究如何持续、快速、健康发展乡镇企业问题。会上，宣读了《中共河南省委、河南省人民政府关于表彰发展乡镇企业先进单位和百强乡镇企业的决定》。

3月24日 省委、省政府召开省国家安全厅成立大会。

3月25日至4月12日 以省长马忠臣为团长的河南省政府代表团对泰国、新加坡、马来西亚三国进行访问，这也是河南省实施开放带动战略的重大举措。

3月29日 省委副书记任克礼在郑州会见了以中央组织书记罗纳尔多·弗莱塔斯为团长的巴西共产党经贸代表团。

4月9日至16日 中共中央政治局常委、书记处书记胡锦涛到河北、山西、河南三省交界的5个县考察农村基层组织建设工作，并在林州市召开了有关省市以及这次所到五县（市）的党委负责同志参加的座谈会。

4月11日至13日 省委、省政府在舞阳县召开全省学习推广舞阳县实施“富民工程”经验座谈会。19日，省委发出通知，批转省委组织部《关于舞阳县各级党组织带领群众实施“富民工程”的调查报告》。

4月15日至25日 第13届洛阳牡丹花会举行。

4月17日 省委发出关于深入开展向孔繁森同志学习的通知。

5月11日至12日 省委、省政府在郑州召开全省打击拐卖妇女儿童犯罪工作会议。会议要求，从5月开始，在全省范围内开展打击拐卖妇女儿童犯罪专项斗争。

5 月 11 日至 25 日　以省人大常委会副主任侯志英为团长的河南省人大常委会友好访问团一行八人离京，应邀开始对荷兰、比利时、卢森堡三国进行访问。

5 月 14 日至 17 日　以欧洲联盟主席团法国驻华大使白乐尚为团长的欧盟 12 国驻华使团，应省长马忠臣的邀请，到河南郑州、开封、洛阳等地考察访问。

5 月 15 日　省政府发出《关于贯彻国务院深化城镇住房制度改革决定的实施意见》。

6 月 2 日　省委发出关于认真贯彻《中共中央关于印发〈邓小平同志建设有中国特色社会主义理论学习纲要〉的通知》的通知，要求进一步深入学习《邓小平文选》。

6 月 3 日　省委书记李长春在郑州会见了来访的俄罗斯联邦共产党代表团。

6 月 8 日至 12 日　中共中央政治局常委、国务院副总理朱镕基到河南南阳、驻马店、许昌、开封、郑州等地市考察农业生产和夏收工作。

6 月 15 日　省政府发出《关于大力发展个体私营经济的通知》。

6 月 23 日至 26 日　省委、省政府在郑州召开改善投资环境座谈会。会议通过对 10 家“三资”企业在发展中所遇问题的剖析，分析了河南投资环境的现状、存在的问题，研究提出了进一步改善投资环境的措施。

6 月 29 日　省会举行庆祝中国共产党成立 74 周年大会。

6 月 30 日　根据《中华人民共和国劳动法》和《河南省企业最低工资暂行规定》，经省政府批准，省劳动厅发布了河南省企业最低工资标准，从 7 月 1 日起执行。

7月11日至12日 省委、省政府在郑州召开全省扶贫开发工作会议。会议贯彻全国扶贫开发工作会议精神，检查一年来河南扶贫攻坚计划的实施情况，总结经验，研究解决当前扶贫工作中存在的问题，部署了河南的扶贫开发工作。

7月19日至21日 省科学技术大会在郑州召开。会议讨论了省委、省政府《关于加速科技进步，实施科教兴豫战略的决定》和《河南省科技发展"九五"计划和2010年规划纲要》，表彰奖励了河南省"八五"期间取得重大科技成果的单位、个人以及在科技体制改革中做出突出成绩的科研院所。

7月21日至22日 省农村基层组织整顿工作会议在郑州召开。会议要求，从1995年8月到1996年1月在全省开展第二批农村基层组织整顿工作。

7月23日至31日 以省委书记、省人大常委会主任李长春为团长的河南省代表团到韩国进行为期8天的访问。

7月28日至29日 省长马忠臣在郑州会见了日本三重县知事北川正恭。双方签署了《中国河南省与日本三重县友好交流备忘录》。

8月2日 省政府发出通知，要求从1995年起，在普及初中教育的地方，特别是城市市区，推行小学毕业生免试就近入学制度。

8月6日 省土地管理局、省财政厅和省物价局联合制定了《河南省占用基本农田保护区耕地造地费、荒芜费和闲置费征收和使用管理办法》，用经济手段来加强管理基本农田保护区。

8月9日 省委、省政府作出《关于加速科学技术进步实施科教兴豫战略的决定》。

8月28日至30日 1995河南省重点建设项目招商引资洽谈

会在郑州举行。

8 月 28 日至 31 日　由国内贸易部和河南省政府共同主办的’95 郑州商品交易会举行，河南省名优新产品展销会同时举行。本次大会总成交额达 52.52 亿元。

9 月 10 日　省委、省政府颁布了关于在全省农村开展计划生育“三结合”活动的决定。

9 月 19 日　中原人才市场在郑州开业。

9 月 20 日　省委作出《关于大兴调查研究之风的决定》。

9 月 28 日　洛阳玻璃股份有限公司 A 股股票在上海证券交易所上市挂牌交易。

10 月 4 日　省委召开全省党员领导干部会议，传达党的十四届五中全会文件，部署河南学习贯彻五中全会精神。

10 月 11 日　中国郑州公路港与新加坡仓储运输集团私人有限公司合资建设、经营签字仪式在郑州举行。

10 月 12 日至 17 日　由中国曲艺家协会、平顶山市政府联合举办的第二届中国曲艺节在平顶山市举行。

10 月 15 日　在 1994 年度全国精神文明建设“五个一工程”评选中，河南选送的 4 件作品获奖。

10 月 21 日　第三届中国综合实力百强县（市）评定公布，河南省巩义市、新乡县榜上有名。

10 月 23 日　中国河南省与韩国庆尚北道缔结友好省道关系协议书签字仪式在郑州举行。

11 月 6 日　全国爱国卫生运动委员会正式命名濮阳市为国家卫生城市，河南创建国家卫生城市工作实现了零的突破。

11 月 23 日至 24 日　河南省文艺工作暨 1994 年度精神文明

建设“五个一工程”表彰会在郑州召开。

11 月 30 日至 12 月 2 日 省委五届十二次全会在郑州举行。全会进一步贯彻了党的十四届五中全会精神，审议通过了《中共河南省委关于制定全省国民经济和社会发展“九五”计划和 2010 年远景目标的建议》；讨论了五届省委的工作报告，原则同意将此报告提交省六次党代会审议。

12 月 1 日 国家百家现代企业制度试点企业之一的河南嵩岳集团有限责任公司试点方案经河南省政府、国家体改委批准正式实施。

12 月 4 日至 5 日 全省农村基层组织建设经验交流会在新乡召开。会议认真分析一年来河南农村基层组织建设的形势，总结经验，查找不足，研究部署当前和今后一个时期农村基层组织建设和整顿工作。

12 月 11 日 “河南省·欧洲联盟经贸合作交流会”在北京举行。大会发布了 194 个项目，双方签订了 3 项正式合同和 4 份合作意向。

12 月 18 日至 22 日 中国共产党河南省第六次代表大会召开。李长春代表五届省委向大会作了《努力实现河南社会主义现代化建设第二步战略目标，为胜利跨入 21 世纪而奋斗》的报告。报告高扬“团结奋进，振兴河南”主旋律，全面地、实事求是地回顾和总结了省五次党代会以来的工作，研究确定了今后 5 年全省工作的指导思想、奋斗目标、战略重点和主要措施。12 月 23 日，中共河南省第六届委员会举行第一次全体会议，选举李长春为省委书记。同日，中共河南省第六次代表大会选举产生的新一届纪律检查委员会举行第一次会议，董雷当选为省纪委书记。

12 月 28 日　经河南省政府、国家体改委批准，河南省安阳钢铁公司按照建立现代企业制度的要求改组安阳钢铁集团有限责任公司。

1996年

1月20日 河南嵩岳集团有限责任公司挂牌。嵩岳集团有限责任公司是“国家百家现代企业制度试点”企业之一，其试点实施方案已于1995年12月1日经省人民政府、国家经济体制改革委员会批准正式实施。

1月21日 河南省奔月集团、春都集团、洛阳浮法玻璃集团公司、郑州铁路局、周口味精厂、新飞电器集团等54家企业被列入国务院“总理工程”项目。

1月22日 由河南省承担的国家“九五”重中之重科技攻关项目“小麦大面积高产综合配套技术研究开发与示范”开始启动。

2月8日 经中国人民银行批准，中国投资银行河南省分行由国家专业银行体制率先改为现代商业银行体制，并更名为中国投资银行郑州分行。

2月12日 1995年度国家科技奖励大会在北京举行，河南省36项科技成果分别获得国家科技进步奖与发明奖。

2月17日 河南春节电视文艺晚会首次以现场直播形式播出。

2月28日 由国家人事部、河南省人民政府共同组建的中原毕业生人才市场在郑州市正式开业。该市场是全国首家毕业生人才市场。

3 月 6 日 省会各界妇女庆“三八”暨河南省“十大女杰”表彰大会在郑州举行。

3 月 6 日至 7 日 省林业工作会议在周口召开。会上，省政府对 1995 年度造林绿化工作成绩突出的 25 个县（市、区）进行了表彰奖励，同时对未能按期实现 1995 年宜林荒山绿化责任目标任务的县（市、区）提出通报批评。

3 月 7 日 省委、省政府作出《关于向史作善同志学习的决定》。

3 月 12 日 河南行政学院举行挂牌仪式。根据省委、省政府决定，河南省行政学院与省委党校合办，实行统一领导，统一管理，一个机构，两块牌子，双重职能并存的办学体制。

3 月 24 日至 25 日 中共中央政治局委员、国务院副总理姜春云到河南检查抗旱保麦、保春播工作。

3 月 26 日 省第二批农村基层组织整顿工作总结表彰大会在郑州举行。

4 月 9 日 省委组织部、省人事厅考试录用领导小组就省直机关首次考试录用公务员发布公告。

4 月 17 日至 22 日 中共中央政治局委员、国务院副总理邹家华到郑州、洛阳、安阳、新乡、鹤壁等市考察。

4 月 18 日 郑州百文股份有限公司 A 股股票在上海证券交易所挂牌上市。

5 月 17 日到 20 日 由中共中央统战部组织的各民主党派中央、全国工商联领导人和无党派人士考察团到河南商丘考察。

5 月 18 至 28 日 省委书记李长春和省委副书记宋照肃、范钦臣带领河南考察团赴南京和苏南的常州、无锡、苏州等地学习考察，重点考察学习张家港两个文明一起抓的经验。

5 月 20 日至 6 月 4 日 国家经贸委和受其委托的中国国际工程咨询公司组成专家组抵郑，对河南“九五”技改规划进行论证评估。

5 月 30 日 省委办公厅、省政府办公厅下发《关于解决河南困难职工生活和再就业问题的若干意见》。

6 月 1 日至 5 日 中共中央总书记、国家主席、中央军委主席江泽民到河南安阳、林州、新乡、修武、沁阳、焦作、博爱、郑州、巩义、新密等市县考察。

6 月 7 日 省委召开常委（扩大）会议，学习中共中央总书记江泽民视察河南的重要指示精神，研究贯彻落实意见。

6 月 8 日 省委办公厅、省政府办公厅发出通知，转发《省委宣传部、省农业厅关于贯彻落实〈中央宣传部、农业部关于深入开展农村社会主义精神文明建设活动的若干意见〉的意见》，要求各地认真贯彻执行。

6 月 23 日至 7 月 7 日 应英国外交与联邦事务部和丹麦王国农渔部的邀请，以省长马忠臣为团长的河南省政府代表团到丹麦、英国访问，这是开展“欧洲年”的一项重要活动，也是实施开放带动战略的重大举措。

6 月 28 日 河南纪念中国共产党成立 75 周年暨全省表先大会在郑州举行。

6 月 28 日至 7 月 5 日 中共中央政治局委员、国务院副总理吴邦国到河南考察。

7 月 3 日至 4 日 省三级干部会议在郑州举行。会议学习了江泽民总书记视察河南的重要讲话，学习讨论了苏南和张家港两个文明建设的经验，讨论了省委、省政府贯彻江泽民总书记重要指示精神、推动经济和社会发展再上新台阶所采取的重大举措。

7 月 26 日 省政府批转省经贸委等部门提出的《关于放活国有小型企业的意见》，要求全省各地认真贯彻执行。

8 月 4 日 省政府发出通知要求全省各地认真贯彻执行《关于促进企业兼并、联合的意见》。

8 月 14 日至 16 日 省委六届二次全会在郑州举行。全会认真学习了江泽民总书记视察河南时的重要指示和江泽民总书记《领导干部一定要讲政治》《努力建设高素质的干部队伍》两个重要讲话，审议通过了《中共河南省委关于加强领导班子思想政治建设的决定》。

8 月 20 日 省委召开常委会议，决定成立河南省依法治省工作领导小组，负责依法治省和普法工作。

8 月 28 日 郑州城市合作银行挂牌成立。它是继深圳、上海、北京等城市之后的第七家具有独立法人资格的地方性股份制商业银行。

8 月 28 日至 9 月 1 日 1996 郑州商品交易会在郑州举行。

9 月 6 日至 7 日 新加坡内阁资政李光耀及夫人一行到河南访问。

9 月 22 日 中美合作南阳普光电力有限公司在郑州举行合同签字仪式。这是河南目前投资额最大的中美合作建设公用电厂项目。

9 月 26 日 焦作万方铝业股份有限公司 A 股在深圳证券交易所上市交易。

9 月 27 日 河南冰熊保鲜设备股份有限公司 A 股在上海证券交易所上市交易。

10 月 3 日 省委、省政府下发《关于在全省开展向吴国良同志学习活动》的决定。

10 月 4 日至 5 日 全省乡镇机构改革和推行（参照试行）国家公务员制度工作会议在郑州召开。会议的主要任务是动员部署全省乡镇、街道办事处的机构改革和推行（参照试行）国家公务员制度工作，研究探讨有关政策及组织实施中的问题。

10 月 13 日 省委下发《关于认真学习党的十四届六中全会文件的通知》。

10 月 20 日至 21 日 省扶贫开发工作会议在郑州召开。会议传达贯彻了中央扶贫开发工作会议精神，总结检查了河南的扶贫开发工作，讨论了《中共河南省委、河南省人民政府贯彻落实〈中共中央、国务院关于尽快解决农村贫困人口温饱问题的决定〉的实施意见》，并对河南打好扶贫开发攻坚战进行再部署、再动员。

10 月 23 日 省委作出《关于开展向吴金印同志学习活动的决定》。

10 月 25 日至 28 日 中国中西部地区对外经济技术合作洽谈会在郑州举行。

11 月 1 日 全省土地工作会议在郑州召开。会议制定落实省政府《关于加强土地管理切实保护耕地若干问题的决定》的措施，重点研究土地管理工作如何适应两个根本性转变，努力实现全省耕地总量动态平衡的思路和措施。会议宣读了《河南省人民政府关于加强土地管理切实保护耕地若干问题的决定》。

11 月 5 日 郑州市、漯河市被定为国家综合配套改革试点城市。

11 月 6 日 首届全国棉花交易会在郑州举行。

11 月 16 日 河南省农村信用社与省农行脱离行政隶属关系，标志着河南农村信用社管理体制改革步入新阶段，在全国属首家。

11 月 26 日 平顶山煤业（集团）有限责任公司挂牌成立。

11 月 28 日 全省“五个一工程”工作总结表彰会在郑州召开。

12 月 3 日至 5 日 全省计划生育工作“三结合”经验交流会在信阳召开。会议回顾了过去一年多“三结合”工作的基本经验，强调 1997 年是执行“九五”人口计划的关键一年。

12 月 4 日 韩国庆尚北道工商品展览中心在郑州开业。

12 月 6 日 中国神马集团有限责任公司挂牌。

12 月 15 日至 16 日 省委六届三次全体会议在郑州举行。全会审议通过了《中共河南省委六届三次全会关于认真贯彻落实党的十四届六中全会精神的决议》和《中共河南省委关于“九五”期间社会主义精神文明建设规划》，全面部署了“九五”期间河南的精神文明建设工作。

12 月 23 日 省委、省政府下发《关于开展向强自喜同志学习活动的决定》。

12 月 30 日 省商业系统第一家改制成功的平顶山中远（集团）有限责任公司挂牌成立。

1997年

1月1日 济源市开始实行省直管体制。

1月8日 省委、省政府在郑州召开省直对口扶贫工作汇报会。

1月18日 中国首列由国铁和地铁联合经营的郑州——沈丘369/370次铁路客车正式运行。

1月30日 洛阳石化总厂化纤工程引进技术设备合同签字仪式在北京人民大会堂举行。合同总金额达2.1亿美元，所需外资由日本输出入银行提供协力基金。这是河南近年来引进外资金额最大的建设项目。

2月20日 省委、省政府邀集全省各界人士举行座谈会，深切悼念邓小平。

3月20日至28日 以省委书记、省人大常委会主任李长春为团长的河南省代表团一行8人到澳大利亚访问。

4月9日 全省减轻农民负担执法监察工作会议在郑州召开。

4月12日 省电力系统首家中外合资发电企业、省重点项目蒲山电厂正式开工。

4月18日 全国首家铁路土地管理局——河南省铁路土地管理局在郑州挂牌成立。

5月6日 洛阳化纤工程外汇贷款转贷协议在郑州签字。该工程是河南仅次于小浪底水利枢纽工程的国家“九五”重点建设项目。

5 月 19 日　国务院五部委批准郑州为建设商贸中心改革试点城市，并原则同意《建设郑州商贸中心总体方案》。

5 月 22 日至 23 日　中共河南省代表会议在郑州召开。会议选举产生了河南省出席党的十五大代表，并通过了中国共产党河南省代表会议关于以实际行动迎接党的十五大召开的决议。

5 月 24 日至 29 日　中共中央政治局常委、全国人大常委会委员长乔石到河南视察工作。

6 月 6 日　俄罗斯联邦副总理弗拉基米尔·鲍里索维奇·布尔加克在俄罗斯会见了河南省委副书记、省长马忠臣一行。

6 月 12 日　省委、省政府下发《中共河南省委、河南省人民政府关于贯彻〈中共中央、国务院关于党政机关厉行节约制止奢侈浪费行为的若干规定〉的实施意见》。

8 月 12 日　全省国有小企业暨城镇集体企业改革工作会议在郑州召开。会议对全省国有小企业和城镇集体企业改革进行再动员、再发动，并把改革进一步引向深入。

8 月 13 日至 14 日　全省乡镇企业工作会议在郑州召开。会议总结交流“八五”以来乡镇企业的经验，组织实施乡镇企业第二次创业，推进两个根本性转变，促进乡镇企业持续、快速、健康发展。

8 月 17 日　全省财政工作会议在郑州召开。会议强调，要深入贯彻“适度从紧”“稳中求进”的方针，扎扎实实做好 1997 年下半年的财政工作。

8 月 21 日　洛阳至三门峡高速公路利用世界银行贷款建设合同在北京人民大会堂签订。

8 月 28 日　郑州新郑机场正式通航。

9月4日 国家五部委联合在郑州召开商贸中心改革试点工作会议。

9月20日 省委发出《中共河南省委关于认真传达、学习、宣传、贯彻党的十五大精神的通知》。

10月9日 省委六届五次全会通过了《中共河南省委关于认真贯彻党的十五大精神，把我省建设有中国特色社会主义事业全面推向前进的决定》。

11月4日 河南省法律援助中心成立暨揭牌仪式在郑州举行。

同日 河南省投资与贸易说明会在澳大利亚昆士兰州首府布里斯班举行。

12月5日 全省企业改革与发展座谈会在漯河召开。会议总结交流了各地放开搞活小企业的经验，探讨放开搞活小企业的思路和方法，提出进一步解放思想，加大力度，加快“放小”步伐。

12月6日 河南莲花企业集团历时三年半，投资1.5亿元治理污水工程通过国家环保局的正式验收。

12月9日 总结推广河南农村10个新型经验座谈会在郑州召开。

12月14日 新乡市教育学院34岁的刘治国以其两项研究成果在国际数学界引起轰动，荣获1997年度英国皇家学会王宽诚研究员基金奖中的最高奖项。

12月20日至21日 河南省振兴中医大会在南阳召开。这是河南省中医事业发展史上第一次召开的专题研究部署全面振兴和发展河南中医事业的一次重要工作会议。

12月25日至26日 全省综合改革试点县（市）工作座谈会在巩义市召开。会议认真总结了五年来18个综合改革试点县（市）

改革开放和经济建设的经验，按照新形势的要求，明确进一步搞好试点工作的指导思想和任务，推动试点县（市）加快实现两个根本性转变。

1998年

1月7日 郑州煤电股份有限公司（A股）在上海证券交易所正式挂牌交易，成为1998年全国上市的第一只股票。

1月8日至18日 省政协八届一次会议在郑州举行。会议制定了省政协今后五年的主要任务，选举林英海为政协河南省第八届委员会主席。

1月11日至20日 省九届人大一次会议在郑州举行。会议审议通过了省人大常委会、省“一府两院”工作报告，审查了计划、财政报告，并作出了相应决议；选举产生164名九届全国人大代表，71名省九届人大常委会组成人员，省政府省长、副省长8人，省高级人民法院院长和省人民检察院检察长各1人。

2月9日 河南省首批高级技师颁证大会召开。

2月13日 全省交通工作会议在郑州召开。会议提出把高速公路建设作为整个交通工作的重点来抓。

2月23日 省委召开全省领导干部会议，传达中央关于省委主要领导工作变动的决定：李长春调任中共广东省委委员、常委、书记，不再担任河南省委书记、常委、委员职务；马忠臣任中共河南省委书记，兼任河南省省长。

2月28日 省委召开副省级以上领导干部会议，传达党的十五届二中全会精神。

4 月 4 日至 8 日 应阿尔及利亚阿尔及尔省省长拉赫马尼的邀请，由省委书记、省长马忠臣率领的河南省政府代表团到阿尔及尔省访问。

5 月 1 日 河南博物院举行开馆仪式。

5月7日 省经贸委、省计委、省体改委等联合召开新闻发布会，宣布一拖集团、安钢集团等 54 户企业为河南省重点企业，平煤集团、洛阳石化总厂等 9 户企业为部属重点企业。

6 月 3 日 省政府召开全省统一企业职工基本养老保险制度工作会议。会议决定出台《河南省建立统一的企业职工基本养老保险制度的实施意见》，决定从 7 月 1 日起河南省施行统一的企业职工基本养老保险制度。

7 月 1 日 省委下发贯彻《中共中央关于在全党深入学习邓小平理论的通知》的通知。

7 月 20 日至 24 日 省九届人大常委会举行第四次会议。会议听取和审议了省政府、省人大常委会有关部门六项工作报告；审议通过了《河南省查处生产、销售假冒伪劣商品条例》等法规以及关于接受马忠臣辞去省人民政府省长的决定，关于任命李克强为省人民政府副省长、代理省长的决定；审查批准了《郑州市公共场所禁止吸烟条例》《郑州市城市市容管理条例》；还通过了人事任免事项。

8 月 6 日 全省军队、武警部队和政法机关不再从事经商活动电视电话会议在郑州召开。

8 月 7 日 国务院撤并部门所属在豫 31 所学校与河南省共建管理新体制正式确立。从即日起，这些学校将按新体制运作。

8月22日 河南省接受国家扫盲检查反馈会在郑州召开。教育部赴河南省扫盲工作检查组组长黄尧宣布：河南省已实现了现阶段国家规定的基本扫除青壮年文盲的目标。

8月25日 河南莲花味精（A）股在上海上市。

8月31日 省委书记马忠臣会见以越南共产党同塔省省委书记、省人民议会主席黎明珠为团长的越南同塔省代表团一行。

9月1日 科学技术部为巩义市入选全国科技进步示范区授牌。这是科学技术部批准设立的全国第三个、中西部地区第一个全国科技进步示范区。

9月12日 省委、省政府发出《关于深入开展向抗洪抢险的人民解放军、武警部队官兵学习，弘扬伟大抗洪精神，进一步做好各项工作的通知》。

9月16日 省政府召开煤炭下放事业单位负责人会议。根据《国务院关于改革国有重点煤矿管理体制有关问题的通知》精神，17个在豫的中央煤炭事业单位于8月15日正式下放河南省管理。

9月16日至23日 香港特别行政区九届全国人大代表视察团到河南省视察。

10月15日 省委召开常委会会议，传达学习党的十五届三中全会精神，并就贯彻落实全会《决定》和江泽民总书记重要讲话精神作出安排部署。

10月16日 省委副书记、代省长李克强召开省长办公会，听取省打假办、河南省技术监督局关于新乡市辉县制造假药案件的办理情况汇报。

11月16日至17日 省委六届七次全会在郑州召开。会议通过了《中共河南省委第六届委员会第七次全体会议决议》，审议并同意《中共河南省委贯彻落实〈中共中央关于农业和农村工作若干重大问题的决定〉的意见》。17 日，省委印发了关于贯彻落实《中共中央关于农业和农村工作若干重大问题的决定》的意见。

12 月 4 日至 8 日 由农业部和河南省人民政府联合举办的 1998 全国乡镇企业东西合作经贸洽谈会在驻马店召开。

12 月 8 日 省政府召开全省煤炭行业关闭非法和布局不合理煤矿工作会议，动员全省各产煤市、县积极采取措施，完成国务院下达河南的关井压产目标。

12 月 22 日 河南省纪念党的十一届三中全会 20 周年大会在省人民会堂举行。

12 月 24 日 省委召开全省领导干部会议，部署深入开展以“讲学习、讲政治、讲正气”为主要内容的党性党风教育。

12 月 29 日 神马集团举行尼龙 66 盐投料试车成功庆祝大会，向世人宣布：中国长期依赖进口尼龙 66 盐的局面已从根本上改变。

1999年

1月7日 省政府召开会议，传达《河南省企业职工基本养老保险实行省级统筹的实施意见》，正式启动河南省企业职工基本养老保险工作。8日，全省医改工作会议出台了《河南省城镇职工医疗保险制度改革实施意见》。

1月21日 共青团河南省十一届二次全委（扩大）会议在郑州召开。会议审议通过了《共青团河南省第十一届委员会委员、候补委员卸职递补确认案》以及《河南省共青团工作跨世纪发展实施纲要》。

2月1日至7日 省九届人大二次会议在郑州举行。会议通过了关于《政府工作报告》的决议，关于1998年国民经济和社会发展计划执行情况与1999年国民经济和社会发展计划的决议，关于1998年财政预算执行情况和1999年财政预算的决议，关于《河南省人民代表大会常务委员会工作报告》的决议，关于《河南省高级人民法院工作报告》的决议，关于《河南省人民检察院工作报告》的决议。会议选举李克强为省人民政府省长。

2月2日 全省对外经贸工作会议召开。会议强调：做好1999年河南省的外经贸各项工作，要千方百计扩大出口创汇，增加贸易收入；要积极合理有效利用外资，提高利用外资水平。

3 月 25 日 省委成立由省委副书记范钦臣为组长的“热爱河南、增辉中原”活动领导小组，协调和领导此项活动。省委办公厅、省政府办公厅印发《“热爱河南、增辉中原”活动实施方案》。

4 月 1 日 省委、省政府召开“热爱河南、增辉中原”活动电视电话会议。

4 月 7 日 省委在郑州举行河南省级领导班子、领导干部“三讲”教育动员大会。会议强调，坚决贯彻党中央的指示精神，扎扎实实搞好河南省“三讲”教育。

4 月 25 日 全省体改工作会议召开。会议指出，企业改革仍然是各项改革的重中之重，企业改制是企业改革的重要前提，要抓好各类综合改革试点，抓好郑州、洛阳、商丘、漯河、焦作 5 个城市综合配套改革试点。

5 月 9 日 省委、省人大、省政府、省政协领导分别集体收听了胡锦涛副主席重要电视讲话，一致拥护党中央决策和中国政府的严正声明，强烈抗议以美国为首的北约悍然袭击中国驻南联盟使馆的暴行。

5 月 24 日 豫粤经济技术合作洽谈会在郑州召开。此次签约项目共 26 个，总投资 8.9 亿元。

6 月 4 日 省委书记马忠臣在国际饭店会见了泰国卜锋（正大）集团董事长谢国民一行。自 1986 年以来，泰国卜锋（正大）集团与河南合资经营了 10 家企业，总投资额达 2.1 亿多美元。

6 月 12 日 全省农村党建“三级联创”活动现场会召开。

6 月 15 日 省委、省政府作出《关于进一步转变作风，提高工作效率的意见》。

6 月 17 日至 24 日 中共中央总书记、国家主席、中央军委主席江泽民考察黄河。江泽民先后到三门峡水利枢纽，黄河大堤花园口、黑岗口、柳园口、盖家沟、花园口水文站、黄河水利科学研究院试验基地考察，主持召开了黄河治理开发工作座谈会。23日，省委在郑州召开全省领导干部会议，传达江泽民总书记在黄河治理开发工作座谈会上的重要讲话，并就如何贯彻这一重要讲话精神作了具体安排和部署。

6月22日 河南医科大学一附院的河南省首例试管婴儿诞生。

6月24日 省委作出《关于进一步加强县级以上领导干部理论学习的意见》。

6月29日 由省政府和外经贸部联合主办的1999北京河南省情说明会暨项目洽谈会在北京举行。

8月10日 河南出入境检验检疫局在郑州成立。

8月16日 河南移动通信公司正式挂牌运营。

8月20日至23日 甲骨文发现100周年纪念活动在安阳举行。

8月28日至31日 1999郑州全国商品交易会在郑州召开。

9月8日至13日 经中共中央批准，中共中央候补委员、中共河南省委副书记黄晴宜作为中国共产党代表，到巴黎参加了《人道报》节活动。

9月24日 省委召开常委会会议，传达学习党的十五届四中全会精神，对全省学习、宣传、贯彻、落实全会精神进行研究部署。

10月11日 第十二届世界中等城市合作发展年会暨国际商贸交流大会在郑州市召开。

10月12日 省委、省政府作出《关于贯彻〈中共中央、国务院关于深化教育改革，全面推进素质教育的决定〉的实施意见》。

10月26日至28日 1999年全国乡镇企业东西合作经贸洽谈

会在驻马店市召开。

11 月 10 日 省委作出《关于贯彻落实〈中共中央关于国有企业改革和发展若干重大问题的决定〉的意见》。

11 月 15 日 横跨豫鲁两省的“亚洲第一铁路长桥”——新荷铁路复线长东黄河特大桥提前开通，为全国铁路跨世纪大会战打赢了第一仗。

11 月 19 日 河南农业大学后勤发展总公司成立，迈出了河南省高校后勤社会化改革的第一步。

11 月 26 日 省总工会、省劳动厅联合召开会议，部署贯彻自12 月 1 日起施行的《河南省企业集体合同条例》工作。

12 月 16 日 省委、省政府制定《关于贯彻〈中共中央、国务院关于加强技术创新，发展高科技，实现产业化的决定〉的实施意见》。

2000年

1月9日 小浪底电站首台机组正式并网发电。这标志着这座具有防洪、防凌、减淤、灌溉、供水和发电等巨大功能的跨世纪水利枢纽工程，开始全面发挥综合效益。

1月31日 中国信达资产管理公司在郑州与鹤壁矿务局签署了河南首笔债转股协议，标志着河南债转股工作正式进入实施阶段。

2月19日至22日 中共中央政治局委员、书记处书记、国务院副总理温家宝到河南周口的太康、鹿邑、项城、西华等县市农村调查研究。

2月28日 省委召开县（市、区）“三讲”教育活动大会。省委对县（市、区）“三讲”教育作出具体安排，第一批92个县（市、区）3月上旬开始，第二批62个县（市、区）5月上旬开始。

3月3日 省文明办召开“热爱河南、增辉中原”活动协调会。会议提出了《2000年“热爱河南、增辉中原”活动实施方案》。

3月22日 中州铝厂与中国信达资产管理公司签订了涉及金额达27.8亿元的债转股协议。这是中国信达资产管理公司在河南签署的最大一笔债转股协议。

4月13日 河南新组建五所普通本科院校工作会议召开。新组建的 5 所本科院校是：南阳师范学院、洛阳师范学院、安阳师范学院、商丘师范学院、黄河科技学院。至此，河南本科高校增加到 23 所。

4 月 15 日 国家郑州经济技术开发区挂牌。

4 月 16 日至 18 日 2000 年河南经济贸易洽谈会召开。这次洽谈会是由河南省人民政府和中国国际贸易促进委员会共同举办的，是河南改革开放以来最大的一次涉外经贸活动。

4 月 27 日至 29 日 省政府在三门峡召开全省国有企业扭亏增盈暨脱困工作会。会议围绕实现国企三年改革与脱困两大目标，研究分析形势，总结交流经验，安排部署工作，打好攻坚战。

5 月 13 日 全省国有林场分类经营工作会议召开。会议研究讨论了省林业厅制定的《河南省国有林场分类经营技术标准（征求意见稿）》，并决定在济源市的 5 个国有林场开展试点工作，年底前完成。

5 月 24 日 全省重点镇建设工作会议召开。会议指出，各有关部门要大力支持小城镇建设，省政府确定的 115 个重点镇，要增强紧迫感、责任感，进一步解放思想，开拓进取，尽快成为小区域经济文化中心，在推动全省城市化进程中充分发挥示范带动作用。

6 月 8 日 国家“九五”重点建设项目、洛阳“九五”重点建设项目——洛阳化纤工程聚酯装置投料试车一次成功。

6 月 22 日 省委、省政府在郑州召开加快沿黄“三点一线”（郑州、开封、洛阳及三门峡沿黄旅游线）旅游发展工作会议，提出用三至五年的时间，把“三点一线”建设成为在国际上享有盛誉、在国内外位居前列的精品旅游线。

7 月 8 日 河南省重点工业项目——位于渑池县的黄河铝电集

团5万吨电解铝一期工程胜利竣工投产。

7月10日 省委、省政府在省人民会堂召开新的郑州大学、河南大学成立大会。

7月14日至15日 监察部在郑州市召开国债资金监督检查座谈会。

7月18日 河南省经济贸易洽谈会在英国伦敦举行，20日在意大利罗马举行。

7月20日 河南省体育中心建设工程奠基仪式在邙山区老鸦陈镇老鸦陈村举行。

7月23日 中国电信集团河南省电信公司正式挂牌成立。

7月25日 河南省与中科院在北京举行科技交流与合作洽谈会。

7月28日 河南日报报业集团成立。

8月4日 中原航空公司与南方航空（集团）公司联合重组签字仪式在郑州举行。

8月28日至31日 2000年郑州全国商品交易会举行。本届交易会签订商品购销合同和商品零售总额达184.6亿元。

9月1日 省委副书记、省长李克强与中科院院长路甬祥在北京正式签署了《河南省人民政府与中国科学院科学技术交流与合作协议书》。

9月26日 省重点建设工程焦作至巩义黄河公路大桥合龙。这是河南省公路系统第一座由地方自筹资金兴建的黄河大桥。

9月27日至28日 全省乡镇企业工作会议在郑州召开。会议指出，今后乡镇企业的发展，重点应该放在三个方面：一是调整结构，提高效益；二是依靠科技和人才；三是有计划、有步骤地推进城市化进程。

10 月 13 日 河南现代豫剧新作《香魂女》在第六届中国艺术节上获“中国艺术节大奖”。

10 月 16 日 省委召开全省领导干部会议，传达中央关于河南省委主要领导工作变动的决定。陈奎元同志担任河南省委委员、常委、书记，不再担任西藏自治区党委书记、常委、委员职务；马忠臣同志任中央财经领导小组副秘书长、中央农村工作领导小组副组长，不再担任河南省委书记、常委、委员职务。

10 月 25 日 国家“九五”重中之重科技攻关项目“河南肉牛规模化养殖及产业化技术研究与开发”通过科技部、农业部组织的专家验收。

10 月 30 日 河南省知识产权局正式挂牌。

11 月 3 日至 5 日 2000 年全国乡镇企业东西合作经贸洽谈会在驻马店召开。

11 月 18 日至 20 日 2000 年河南省科技成果交易会在河南科技市场创新大厦举行。本届交易会技术成交额 16.9 亿元。

11 月 23 日至 24 日 省委企业工委第一次工作会议召开，标志着河南省委企业工作委员会正式成立。

11 月 27 日 全省打击棉花掺杂使假专项斗争紧急电视电话会议在郑州召开。会议指出，要以《焦点访谈》曝光的事件为教训，举一反三，立即在全省开展打击棉花掺杂使假专项斗争。

11 月 30 日 在联合国教科文组织举行的第二十四届世界自然和文化遗产委员会全体会议上，河南省洛阳龙门石窟通过审定，被永久载入《世界遗产名录》。

12 月 20 日至 21 日 省委六届十一次全体会议举行。会议进一步学习贯彻党的十五届五中全会精神，讨论、审议《中共河南省委关于制定全省国民经济和社会发展第十个五年计划的建议》。

12 月 29 日 省委召开会议，进一步研究部署县（市、区）“三讲”教育“回头看”活动，对全省农村“三个代表”重要思想学习教育活动的准备工作提出明确要求。

2001年

1月4日 省检察院首批选拔产生的8名主诉检察官经过半年试用，被正式任命，这表明主诉检察官责任制在省检察院正式实施。

1月18日 河南中原高速公路股份有限公司成立。

1月20日 省委、省政府下发《中共河南省委、河南省人民政府关于贯彻落实〈中共中央、国务院关于加强老龄工作的决定〉的意见》。

2月6日 全省对外宣传工作会议在郑州召开。会议指出，全省外宣工作要以“新世纪，新河南”为主题，以“树立河南形象，促进经济发展”为着力点，把河南最优秀的东西宣传出去，推动河南的改革开放和经济发展不断迈出新步伐。

2月7日 省委办公厅、省政府办公厅就转发《省委组织部、省经贸委、省总工会关于进一步加强新建企业工会组织建设的意见》发出通知。

2月8日至26日 陈奎元、李克强等省党政领导，先后到浚县、郏县、兰考、濮阳、内黄、长葛、新县、新乡等县（市）农村就“三个代表”重要思想学习教育活动作动员报告，以推动全省农村“三个代表”重要思想学习教育活动全面展开。

2月11日 国家重点建设项目河南省煤气化工程——郑州至

义马全长194公里输气管道点火成功。

2月16日 由河南承担的“九五”国家科技攻关计划重中之重的“小麦大面积高产综合配套技术研究开发与示范”项目，在北京通过国家验收。

同日 省人民代表大会法制委员会设立。

2月24日 河南省与北京大学全面合作协议书签字仪式在郑州举行。

2月28日 省委召开全省抽调机关干部驻村工作电视电话会议。省委决定从省、市、县（市、区）、乡镇党政机关抽调4万名思想政治素质高的干部组成工作队，深入500个乡镇的10 000个村，开展驻村帮扶工作。

3月1日 省政府发出《关于印发〈河南省国民经济和社会发展第十个五年计划纲要〉的通知》。

3月2日 省委、省政府制定《关于做好2001年农业和农村工作的意见》。

3月6日 河南省电信行业管理机构——河南省通信管理局揭牌成立。

3月8日 全省农村“三个代表”重要思想学习教育活动领导小组在郑州举行会议。

3月21日至22日 省委、省政府在郑州召开全省农村税费改革工作会议，全面安排部署河南农村税费改革工作。会议明确了这次税费改革“减轻、规范、稳定”的6字指导思想，“三取消、两调整、一改革”的主要内容，以及5个步骤的具体部署，要求确保农民负担真正减轻。

4月13日 省委召开全省“三讲”教育工作总结会议，对历时两年的全省“三讲”集中教育工作进行总结，对进一步巩固和扩大“三讲”教育成果作出安排部署。

4 月 16 日　省委办公厅发出《关于在全省国有大中型企业领导班子及成员中开展以“讲学习、讲政治、讲正气”为主要内容的学习教育活动的实施意见》。

同日　省委办公厅、省政府办公厅发出《关于印发〈河南省市县乡党政机关机构改革人员定岗分流工作实施意见〉的通知》。

4 月 23 日　省委办公厅、省政府办公厅提出《关于促进革命老区经济暨社会发展和加强老促会建设的意见》。

4 月 26 日　省政府提出《关于加快全省公路建设的意见》。

5 月 21 日　省委、省政府发出《关于进一步扩大对外开放的决定》。

6 月 8 日　省委下发《关于成立河南省老干部工作领导小组的通知》。

6 月 13 日　省委办公厅、省政府办公厅印发《河南省县级以下党政领导干部任期经济责任审计暂行办法》和《河南省国有企业及国有控股企业领导人员任期暂行办法》。

6 月 14 日　省委办公厅转发《省委组织部关于抓紧培养选拔优秀年轻干部工作的意见》。

6 月 19 日　省委、省政府下发《中共河南省委、河南省人民政府关于印发〈河南省依法治省工作领导小组关于 2001—2005 年全省法制宣传教育和依法治省工作规划〉的通知》。

6 月 22 日　河南省与泰王国春式里府结为友好省际关系协议书签字仪式在泰王国春式里府举行。

6 月 22 日至 24 日　河南省禹州、陕县、濮阳、内乡、淅川、西峡、栾川等县区遭受严重冰雹袭击，并造成较大损失。

6 月 28 日 省政府在北京举行新闻发布会，正式推出一批高速公路项目，面向全国公开招商或拍卖。

7 月 3 日 省委办公厅、省政府办公厅发出《关于印发〈关于开展扶贫开发调研和编制全省农村 2001—2010 年扶贫开发规划的方案〉的通知》。

8 月 1 日 中国河南公路项目洽谈会在香港举行。

8 月 13 日 我国第一套自行研制的 84 厘米超大屏幕彩色玻壳在安彩集团彩玻四厂顺利下线。

8 月 17 日 省政府在郑州召开河南援助西藏工作座谈会。

9 月 28 日 河南移动公司和河南联通公司共同签订了《关于共同规范移动通信市场行为，严格执行国家资费标准的协议》实施细则。这是河南移动通信企业间的第一个行业自律协议。

9 月 30 日 省委发出《关于印发〈2001—2005 年全省干部教育培训规划〉的通知》。

10 月 19 日至 20 日 省政府在郑州召开加快 25 个重点县（市）城镇化进程座谈会，交流城镇化进程的经验，研究讨论推进 25 个重点县（市）城镇化进程的具体政策和措施。

10 月 25 日至 30 日 中国共产党河南省第七次代表大会在郑州召开。陈奎元代表六届省委向大会作《高举邓小平理论伟大旗帜，全面贯彻“三个代表”重要思想，努力开创河南社会主义现代化建设新局面》的报告。大会审议通过了陈奎元同志代表中共河南省第六届委员会所作的工作报告和省纪律检查委员会的工作报告。大会选举产生了中共河南省第七届委员会、中共河南省纪律检查委员会。30 日，中国共产党河南省第七届委员会举行第一次全体会议，选举陈奎元为省委书记。

同日 省纪律检查委员会举行第一次全体会议，李清林当选为省纪委书记。

10 月 29 日至 30 日 中国粮食行业协会、中国郑州粮食批发市场和郑州商品交易所共同在郑州举办“WTO 与中国粮食市场论坛”。

10 月 31 日 郑州高新技术产业开发区被科技部、外经贸部认定为国家高新技术产品出口基地。

11 月 1 日至 3 日 2001 年全国乡镇企业东西合作经贸洽谈会在驻马店举行。此次洽谈会河南省共签约各类项目 3 284 个，签约总金额达 120 亿元。

12 月 5 日 第一拖拉机股份有限公司与世界第五大拖拉机制造商芬兰维创公司举行大功率轮式拖拉机合作签字仪式。

12 月 12 日至 21 日 河南省与南方五省举行粮食经贸合作洽谈活动，共签订总数达 48 亿斤的粮油购销贸易合同和一大批技术加工合作项目。

12 月 14 日 郑州大学材料工程学院赵清香教授领导课题组，利用生物发酵生产的二元酸研制成功长碳链尼龙 1212，结束了中国长期依赖外国进口的局面。

2002年

3月1日 省委、省政府作出《关于大力整治企业经营环境的决定》。

3月21日 全省农村税费改革工作会议在郑州举行。会议传达了全国农村税费改革会议精神，讨论了《河南省农村税费改革试行方案》，对河南省农村税费改革工作进行了动员部署。

4月11日至14日 2002年中国河南经济贸易洽谈会在郑州召开。

5月8日至11日 中共中央政治局委员、国务院副总理温家宝到河南考察南水北调中线调水的一些关键性工程项目，看望了丹江口库区移民，到沿线农村进行了调查。

5月13日 省政府办公厅印发《关于在农村税费改革中切实做好减轻农民负担工作的紧急通知》。

5月20日至21日 中共河南省代表会议在郑州举行。会议选举产生了河南省出席中国共产党第十六次全国代表大会的代表，通过了《关于以实际行动迎接党的十六大召开的决定》。

5月23日 省政府在郑州召开全省工业结构调整工作会议。

6月6日 省委、省政府在郑州召开农村税费改革电视电话会议。会议要求要下大力气把农村税费改革工作抓紧抓好，切实减轻农民负担，确保这项改革在河南省取得成功。

7 月 15 日至 19 日 中共中央政治局常委、国务院总理朱镕基在甘肃、陕西、河南、山东考察黄河防汛工作。17 日，朱镕基在郑州主持召开黄河中下游陕西、山西、河南、山东省四省防汛工作座谈会，并作了重要讲话。

7 月 16 日 省委办公厅、省政府办公厅发出《关于在国有企业、集体企业及其控股企业深入实行厂务公开制度的意见》。

8 月 2 日 省委召开常委会议，认真学习中央刚刚颁布的《党政领导干部选拔任用工作条例》，研究贯彻落实的具体措施。

8 月 26 日 省委、省政府召开全省国有企业监事会工作会议。会上向 3 位监事会主席颁发了委任书。

8 月 29 日 省委组织部、省委企业工委、省经贸委、省财政厅、省对外经济贸易合作厅联合下发《关于加强中外合资企业中方国有股权代表及高级经营者管理工作的实施意见》。

10 月 15 日 省政府下发《关于加强城乡规划监督管理的通知》。

11 月 19 日 省委召开常委会会议，认真学习中国共产党第十六次全国代表大会精神，并结合河南实际研究部署下一步学习贯彻十六大精神的意见。

12 月 29 日 省委召开全省领导干部会议，传达中央关于河南省委主要领导职务调整的决定：李克强同志任河南省委书记，免去陈奎元同志河南省委书记、常委、委员职务，另有任用。

2003年

1月10日至19日 省十届人大一次会议在郑州举行。会议审议通过了省人大常委会、省“一府两院”工作报告，审查了计划、财政报告，并作出了相应决议；选举产生165名十届全国人大代表，84名省十届人大常委会组成人员，省政府省长、副省长8人，省高级人民法院院长和省人民检察院检察长各1人。

2月13日至14日 全省农村工作会议召开。会议总结2002年河南农村工作，讨论审议省委、省政府《关于做好2003年农业和农村工作的意见（讨论稿）》，安排部署2003年全省农业和农村工作。

2月16日 省委七届四次全会在郑州召开。会议通过了《中共河南省第七届委员会第四次全体会议关于部分省辖市、省直单位、省管高校市厅级领导干部拟任、推荐人选表决办法》并进行了无记名投票表决。

3月25日 省委、省政府发出《关于做好2003年农业和农村工作的意见》。

4月8日至9日 全省国有企业改革工作会议在郑州召开。会议认真讨论了省委、省政府《关于进一步深化国有企业改革的决定》和《关于深化国有企业产权制度改革的意见》，指出党中央、国务院一系列推进国有企业改革的政策措施和明确要求，我们必须认真地落实。17 日，省委、省政府作出《关于进一步深化国有企业改革的决定》。

4 月 18 日 省委常委召开进一步研究部署全省非典型肺炎防治工作会议。会议听取了有关部门专题汇报，认真分析了当前河南非典型肺炎疫情形势。

4 月 23 日 省政府提出《关于进一步深化粮食流通体制改革的意见》。

4 月 28 日 省政府发出《关于深化交通建设管理体制改革的通知》。

4 月 29 日 省委办公厅、省政府办公厅下发了《关于进一步减少省委、省政府领导同志参加会议和事务性活动的意见》。

5 月 19 日 省委、省政府作出《关于进一步促进非公有制经济发展的决定》。

5 月 26 日 省委召开常委会会议，专题研究部署加快河南城镇化进程问题。6 月 10 日，省委、省政府作出《关于加快城镇化进程的决定》。

5 月 26 日至 29 日 省十届人大常委会举行第三次会议。会议审议通过了关于努力夺取传染非典型肺炎防治工作和经济建设双胜利的决议、河南省产品监督管理条例（修订）、关于深入开展青年志愿服务活动的决定；评议了省劳动和社会保障厅厅长的述职报告，并对其履行职责的情况进行了民主测评；还通过了人事任免事项。

6 月 6 日 省委召开常委扩大会议，研究《中共河南省委、河南省人民政府关于全面建设小康社会的规划纲要（讨论稿）》，部署当前有关工作。

6 月 19 日 省委办公厅、省政府办公厅提出《关于深化农村税费改革试点工作的意见》。

7 月 21 日至 22 日 省委七届五次全会在郑州召开。全会表决通过了《中国共产党河南省第七届委员会第五次全体会议关于兴起学习贯彻“三个代表”重要思想新高潮，全面建设小康社会的决议》，审议并原则通过了《中共河南省委、河南省人民政府关于全面建设小康社会的规划纲要》。

8 月 13 日 省委发出《关于成立河南省文化体制改革工作领导小组的通知》。

10 月 20 日至 23 日 中共中央政治局常委李长春来河南省考察工作。李长春先后到洛阳、郑州、安阳、鹤壁、焦作等地，了解小浪底水利枢纽、西气东输郑州分输站等重点工程建设情况；深入省体育中心、郑州大学、河南日报报业集团、河南博物院等文化教育体育单位和社区群众文化站调查研究；到贫困山区农户慰问困难群众，考察扶贫开发工作；听取河南省委、省政府的汇报。

11 月 11 日 河南省“小灵通”用户突破 100 万个。

11 月 19 日 省委、省政府印发《河南省人民政府机构改革实施意见》。

12 月 3 日 河南省国有资产监督管理委员会正式成立。

12 月 9 日 河南省商务厅正式成立。

12 月 15 日至 17 日 中共中央总书记、国家主席胡锦涛到河南省就“三农”工作进行考察，看望慰问受灾群众。胡锦涛先后到商丘、兰考等地，深入农村、灾区、农户、农产品加工企业调查研究，现场了解灾情，同基层干部和群众亲切交谈，倾听大家的意见。

胡锦涛还就农业和农村工作作了重要讲话。

12 月 24 日 省委七届六次全会在郑州举行。全会认真学习了党的十六届三中全会精神和胡锦涛总书记在河南考察工作时的重要讲话，听取和讨论了李克强受省委常委会委托作的工作报告，审议通过了《中国共产党河南省第七届委员会第六次全体会议关于深入学习贯彻党的十六届三中全会精神，进一步动员全省人民奋力实现中原崛起的决议》。

2004年

1月18日 省政府印发《河南省人民政府关于调整省与市财政管理体制的决定》。

2月13日 嵩山、云台山入选首批世界地质公园。

2月26日 省委书记李克强主持召开省委常委会会议，进一步学习贯彻中央一号文件精神，讨论《中共河南省委、河南省人民政府关于促进农民增加收入的实施意见》，研究部署促进农民增收的措施。

3月29日 省发展壮大县域经济工作会议在郑州召开。会议指出要以党的十六大和十六届三中全会精神为指针，围绕实现中原崛起，把发展壮大县域经济摆上更加重要的位置，根据新阶段新任务的要求，进一步明确县域经济的发展思路，研究制定政策措施，加快发展步伐，推动全省经济持续快速协调健康发展。

4月4日 省政府发出《关于印发河南省对种粮农民直接补贴实施方案的通知》。

4月9日 省政府在郑州召开全省粮食流通体制改革工作电视电话会议，安排部署深化粮食流通体制改革和对种粮农民直接补贴工作。

5月16日 河南移动公司电话客户突破1 000万户，名列中西部第一。

5 月 28 日 省政府在郑州召开全省新型农村合作医疗制度试点工作座谈会。

6 月 16 日 省委、省政府发出《关于加强科技创新，促进中原崛起的意见》。

6 月 25 日 省政府提出《关于改革市场主体准入制度加快我省经济发展的意见》。

7 月 30 日 省委七届七次全会在郑州召开。全会原则通过了《中共河南省委关于省级领导干部和省直机关带头真抓实干狠抓落实的决定》。

8 月 1 日 《河南省安全生产条例》实施。这是全国第一部全面规范安全生产的地方性法规。

8 月 5 日 河南鹤煤集团与美国维视公司举行了签约仪式，合资成立鹤煤（美国）工业有限公司。

8 月 20 日 省委、省政府召开全省农村税费改革工作电视电话会议。会议传达了全国农村税费改革试点工作会议精神，总结河南省农村税费改革工作成绩和经验，分析研究改革面临的新形势、新情况，安排部署河南省下一步农村税费改革工作。

10 月 16 日 首届传统武术节在郑州开幕。

11 月 9 日至 13 日 中共中央政治局委员、书记处书记、中宣部部长刘云山来河南考察宣传思想工作和精神文明建设，先后到郑州、许昌、焦作、鹤壁等地，深入宣传部门、新闻单位、高等院校和基层文化单位调查研究，与各界干部和群众交谈，认真了解有关情况。

11 月 21 日 省政府发出《关于印发河南省国土资源管理体制

改革实施方案的通知》。

12 月 12 日 省委召开全省领导干部会议，传达中央关于河南省委主要领导职务调整的决定：徐光春同志任中共河南省委委员、常委、书记，免去李克强同志中共河南省委书记、常委、委员职务，李克强同志调辽宁工作。

12 月 20 日 省委七届八次全会在郑州召开。全会审议了省委常委会 2004 年的工作报告，审议并原则通过了《中共河南省委贯彻〈中共中央关于加强党的执政能力建设的决定〉的意见》。

12 月 21 日至 22 日 省委工作会议在郑州举行。会议传达贯彻中央经济工作会议精神，全面落实科学发展观，回顾总结 2004 年的经济工作，安排部署 2005 年的经济工作，讨论并通过《中共河南省委、河南省人民政府关于切实维护社会稳定，推进和谐社会建设的若干意见》。

2005年

1 月 23 日 全省文化体制改革领导小组会议在郑州召开。会议研究部署当前及此后一个时期河南省文化产业发展工作，强调要把文化产业作为河南省经济发展新的增长点来开发、培育和经营。

1 月 25 日至 30 日 省十届人大三次会议在郑州举行。会议听取和审议了省政府、省发改委、省财政厅、省人大常委会、省高级人民法院、省人民检察院六个工作报告并作出相应决议；选举徐光春为省十届人大常委会主任。

3 月 18 日 铁道部向社会公布《实行铁道部—铁路局—站段三级管理模式》改革方案，郑州铁路局的体制和管理范围有较大变动。

3 月 28 日 在国家科技奖励大会上，小麦专家许为钢以“郑麦 9023”获得国家科技进步一等奖。这是河南省第二次获得该奖项。

3 月 29 日至 30 日 省政府在信阳召开全省农村公路建设工作会议。会议提出，2005 年河南省将投入 60 亿元进行农村公路建设，到“十一五”末，全省将完成近 8 万公里的村道建设。

4 月 5 日 省国企改革工作领导小组办公室主任会议在郑州召开。会议决定河南省 2005 年将基本完成国有工业企业公司制改造，使九成以上的国有工业企业实现股权多元化。

5 月 29 日 干部选拔任用“三票制”研讨会在郑州举行。会议指出，郑州市实行的干部选拔任用“三票制”就是一个新的探索，是贯彻落实中央干部人事制度改革精神的实际举措，有利于按照德才兼备的原则发现干部、选拔干部，要积极试行、认真总结、不断提高。

6 月 16 日 省委召开常委会，专题研究省委常委会先进性教育活动整改意见，听取省委常委个人整改措施的汇报。

6 月 24 日 省委召开常委会，学习贯彻中央第二批保持共产党员先进性教育活动工作会议精神，就总结第一批先进性教育活动、开展好第二批先进性教育活动进行研究部署。

8 月 19 日至 20 日 中共中央总书记、国家主席、中央军委主席胡锦涛和随行的中共中央政治局候补委员、中央书记处书记、中央办公厅主任王刚，中央政策研究室主任王沪宁，中央财经办公室主任王春正到河南就“十一五”时期我国经济社会发展和落实科学发展观问题进行调查研究。

9 月 9 日 全省深化完善乡镇机构改革电视电话会议在郑州召开，安排部署了全省乡镇机构改革的主要任务和具体要求。

9 月 25 日 郑州至西安铁路客运专线在灵宝连霍高速公路豫陕收费站正式开工。

10 月 13 日至 14 日 省委、省政府在郑州召开全省旅游产业发展大会。会议研究部署了河南旅游产业发展，动员全省进一步解放思想、提高认识，深化改革、加快发展，努力把旅游产业培育成河南省的重要支柱产业，推动全省由旅游资源大省向旅游经济强省跨越。

10 月 28 日至 29 日 省委七届十次全会在郑州举行。全会深入学习了党的十六届五中全会精神，听取和讨论了徐光春受省委常务委员会委托所作的工作报告，审议通过了《中共河南省委关于制定全省国民经济和社会发展第十一个五年规划的建议》。

11 月 17 日至 18 日 省委、省政府在郑州召开全省城镇化工作会议。会议主要讨论修改了省委、省政府《关于进一步促进城镇化快速健康发展的若干意见》，进一步明确全省推进城镇化的指导思想、目标任务、方针政策和工作举措。

11 月 19 日 河南省第一条全部由社会资金建设的高速公路项目兰（考）许（昌）高速公路正式建成通车。

2006年

3月17日 省委召开省级领导干部会议，听取中央巡视组通报巡视情况。

3月20日 省委、省政府在郑州召开河南省县域经济工作会议。会议深入贯彻党的十六大和十六届三中、四中、五中全会以及省委七届十次全会精神，全面贯彻落实科学发展观，分析形势，总结经验，表彰先进，明确思路，推动县域经济进一步发展壮大。

3月22日 俄罗斯总统普京到河南访问。

同日 国家首批非物质文化遗产推荐，河南省少林功夫等20项入选。

4月17日 省文化产业发展和文化体制改革工作领导小组全体成员会议在郑州召开。会议讨论并原则通过了《省委、省政府贯彻落实〈中共中央、国务院关于深化文化体制改革的若干意见〉的实施意见（讨论稿）》《2006年河南省文化体制改革和文化产业发展工作要点（讨论稿）》《河南省省级文化产业发展专项资金管理办法（讨论稿）》等文件。

4月26日 河南日报报业（集团）有限公司正式挂牌成立。它标志着作为我国文化体制改革试点单位之一的河南日报报业集团在深化改革、创新体制方面迈出了新的一步。

5 月 12 日 省委发出《关于认真落实胡锦涛同志重要讲话精神，深入学习贯彻党章的通知》。

5 月 12 日至 13 日 全省文化体制改革和文化事业文化产业发展工作会议在郑州召开。会议回顾了 2005 年以来河南文化建设工作，并对 2006 年的文化体制改革和文化事业、文化产业发展工作进行了部署。31 日，河南省文化产业发展研究院成立暨挂牌仪式在郑州举行。

5 月 16 日 省政府提出《河南省关于进一步贯彻落实科学发展观切实改进和加强经济工作的意见》。

5 月 22 日 省委、省政府作出《关于增强自主创新能力建设创新型河南的决定》。

5 月 25 日 省政府发出《河南省人民政府关于加强全省社会信用体系建设的指导意见》。

5 月 29 日至 31 日 省十届人大常委会举行第二十四次会议。会议审议通过了河南省实施《中华人民共和国水法》办法，农村工作委员会关于议案办理情况的报告等；还通过了人事任免事项。

6 月 13 日 2006 年河南省夏粮生产再夺大丰收。播种面积、单产水平、总产及总产增量均居全国第一位。

7 月 13 日 安阳殷墟列入世界文化遗产名录，是河南继龙门石窟之后的第二处世界文化遗产。

7 月 15 日至 16 日 中共中央政治局常委、国务院总理温家宝到河南孟津县、偃师市实地考察当地经济社会发展情况。

7 月 21 日 省委召开常委会会议，学习贯彻中共中央政治局常委、国务院总理温家宝视察河南的重要讲话精神。

8 月 11 日 省政府印发《河南省人民政府关于严格依法治税

加强税收征管的意见》。

8 月 24 日 省委、省政府印发《中共河南省委河南省人民政府关于印发〈河南省 2006—2020 年建设社会主义新农村规划纲要〉的通知》。

8 月 28 日至 30 日 由省政协主办，郑州市政府、省商务厅、省工商业联合会共同承办的首届豫商大会在郑州国际会展中心召开。

9 月 1 日 省政府印发《河南省人民政府关于印发河南省农业和农村经济发展“十一五”规划的通知》。

10 月 16 日 省政府印发《河南省人民政府关于印发河南省城镇化“十一五”规划的通知》。

10 月 23 日 省政府印发《河南省人民政府关于印发河南省国民经济和社会信息化“十一五”规划的通知》。

10 月 23 日至 27 日 中国共产党河南省第八次代表大会在郑州召开。这次大会是河南省在贯彻落实科学发展观、构建和谐中原、实现中原崛起的关键时期召开的一次重要会议。省委书记徐光春代表省第七届委员会，向大会作《全面贯彻落实科学发展观，为加快中原崛起而努力奋斗》的工作报告。大会审议通过了中国共产党河南省第七届委员会工作报告和省纪律检查委员会工作报告，并作出了相应的决议，选举产生了省第八届委员会和省纪律检查委员会。28 日，中国共产党河南省第八届委员会在郑州举行第一次全体会议，选举徐光春为省委书记。同日，新一届纪律检查委员会举行第一次全体会议，选举叶青纯为省纪委书记。

10 月 25 日 省政府印发《河南省人民政府关于促进产业结构调整的实施意见》。

11 月 13 日　省政府办公厅印发《河南省人民政府办公厅关于进一步做好当前河南减轻农民负担工作的实施意见》。

11 月 27 日至 12 月 1 日　省十届人大常委会举行第二十七次会议。会议审议通过了《河南省建设项目环境保护管理条例》《河南省人大常委会关于加快发展循环经济的决定》等；审查批准了《郑州市中小学校学生人身伤害事故预防与处理条例》等法规；还通过了人事任免事项。

11 月 28 日　全省高速公路总里程突破 3 000 公里，名列全国第一。

12 月 14 日　省委、省政府召开对 2006 年省委、省政府承诺的十件实事落实情况开展集中督查动员会。

12 月 18 日　全球首个 PTA 期货在郑州商品交易所正式上市交易。

12 月 27 日　世界第一座文字博物馆在安阳奠基。

2007年

1月11日至12日 省委八届二次全会在郑州举行。全会深入学习了党的十六届六中全会精神，听取和讨论了徐光春受省委常务委员会委托所作的工作报告，审议通过了《中共河南省委关于深入贯彻党的十六届六中全会精神努力推进和谐中原建设的意见》。

1月16日 郑州市被授予“中国第一雷锋城”称号。

1月16日至23日 “中原文化港澳行暨2007豫港投资贸易洽谈会”分别在澳门、香港两地举行。

1月17日 “CCTV——感动中国2006年度人物”评选活动揭晓，河南排爆专家王百姓当选。

1月18日 省政府与吉尔吉斯斯坦在郑州签署了《农业合作协议》《畜牧业合作协议》等六项科技合作协议。

2月13日 全省民营企业表彰大会在郑州召开。

2月26日 省委书记徐光春主持召开省委常委会会议，听取关于明确省委、省政府2007年承诺十大实事责任单位的汇报，进一步明确2007年十大实事的任务和责任单位。

2月27日至28日 省政府在周口召开部分市县经济发展座谈会，专题研究区域经济协调发展问题。

3月5日 省委作出《关于在全省各级党组织和党员领导干部

中深入开展“讲正气、树新风”主题教育活动的意见》。

3 月 6 日 首批省级非物质文化遗产确定：少林功夫、马街书会等 148 项入选。

3 月 13 日 省委副书记、省长李成玉与科技部部长徐冠华在北京分别代表河南省人民政府和科技部签订了《科学技术部、河南省人民政府工作会商制度议定书》，并召开了部省第一次工作会商会议。

3 月 27 日 省政府在郑州召开全省新型农村合作医疗工作会议。会议指出，全省各有关部门要进一步提高认识，把握政策，扎实工作，确保新农合制度扎实推进、健康运行、持续发展，努力让广大农民群众享受到优质高效的基本医疗卫生保障。

3 月 28 日 省委、省政府在郑州召开全省人口和计划生育工作会议。会议总结了 2006 年全省人口和计划生育工作情况，对近期全省人口和计划生育工作进行了部署。

4 月 2 日 省委召开电视电话会议，对全省“讲正气、树新风”主题教育活动进行动员部署。

4 月 26 日 第二届中国中部投资贸易博览会开幕仪式在郑州国际会展中心广场举行。

4 月 30 日至 5 月 1 日 中共中央总书记胡锦涛和中共中央政治局候补委员、中央书记处书记、中央办公厅主任王刚，中央政策研究室主任王沪宁一行，到河南南阳、郑州等地，深入企业车间、田间地头、城市社区，亲切看望和慰问干部群众。在豫期间，胡锦涛听取了河南省委和省政府的工作汇报并发表重要讲话。

5 月 2 日 省委常委会会议传达学习胡锦涛总书记视察河南时的重要讲话精神。

5 月 14 日 省委、省政府作出《中共河南省委、河南省人民政府关于加快黄淮四市发展若干政策的意见》。

6 月 4 日 省委常委、省纪委书记叶青纯主持召开“讲正气、树新风”主题教育活动工作座谈会，听取部分中央驻豫单位和省管企业主题教育活动整改提高阶段的工作情况汇报。

6 月 7 日 全省加快企业战略重组和高新技术产业发展工作会议在郑州召开。会议要求，要把加快企业战略重组和高新技术产业发展当成当前和今后一个时期的重要任务。

6 月 9 日 中共河南省代表会议在郑州召开。会议选举产生了河南省党的十七大代表，审议通过了《中国共产党河南省代表会议关于以实际行动迎接党的十七大胜利召开的决议》。

6 月 13 日 全省“讲正气、树新风”主题教育活动电视电话总结大会召开。

6 月 25 日 全省农村党的建设“三级联创”活动工作电视电话会议召开。会议指出，要不断深化“三级联创”活动，努力开创农村党建工作的新局面，为加快“两大跨越”、推进“两大建设”、实现“努力走在中部地区崛起的前列”的目标，提供坚强的组织保证。

6 月 27 日 全省加快城区发展研讨会在郑州召开。会议就努力实现城区发展新突破提出明确要求、作出具体部署。

7 月 6 日 全省金融工作会议在郑州召开。会议指出，有关部门要全面提升金融服务和监管水平，各级党委和政府要切实改进和加强金融工作，加强金融生态环境建设。

7 月 15 日 省委常委（扩大）会议在郑州召开，研究部署抗洪救灾工作。

8 月 3 日 省委召开常委会会议，学习贯彻 7 月 26 日中央政治局会议精神，分析 2007 年上半年经济社会发展情况，安排部署下半年工作。

8 月 6 日 省委书记徐光春主持召开省委救灾工作会议，动员各级党委、政府和社会各界，下最大决心，采取更加有力措施，切实做好豫西山区特别是卢氏县的救灾工作。

8 月 9 日 省委书记徐光春在郑州会见了来河南参访的国际奥委会主席罗格及夫人安妮·鲍薇娜一行。

8 月 26 日 河南文化影视集团有限公司揭牌暨河南奥斯卡国际影城开业典礼在郑州举行。

9 月 21 日 河南省焦裕禄精神研究会在郑州成立并举行第一次会员代表大会。

10 月 30 日 省委八届四次全会召开。会议传达学习贯彻党的十七大精神，审议通过了《中共河南省委关于认真学习宣传贯彻党的十七大精神，开创中原崛起新局面的决定》。

12 月 4 日 省政府与中国石油天然气集团公司在北京举行战略合作框架协议签约仪式。

12 月 13 日 省委八届五次全体（扩大）会议在郑州召开。受省委常委会委托，省委书记徐光春向全会作工作报告。

12 月 21 日 省委书记徐光春在郑州会见了古巴政府部长（副总理级）里卡多·卡布里萨斯·鲁易斯一行。

同日 河南省信用建设促进会成立大会在省人民会堂举行。

12 月 28 日 由河南出版集团转制成立的中原出版传媒投资控股集团有限公司正式挂牌。

2008年

1月16日至24日　省十一届人大一次会议在郑州举行。会议审议通过了省人大常委会、省“一府两院”工作报告，审查了计划、财政报告，并作出了相应决议；选举刁兆秋等166人为十一届全国人大代表；选举徐光春为省十一届人大常委会主任，李成玉为省人民政府省长。

1月27日　河南省豫商联合会在郑州成立。

2月2日　郑东新区“五年成规模”总结表彰暨“十年建新区”动员大会在郑州召开。

2月19日至20日　省委农村工作会议在郑州召开。会议强调，要全面贯彻党的十七大和中央农村工作会议精神，按照省委八届五次全会的部署要求，努力开创河南省农业农村工作的新局面，为全面建设小康社会、加快中原崛起、构建和谐中原作出新的更大的贡献。

2月21日　省政府在郑州召开全省重点项目建设暨工业结构调整工作会议。会议强调，要持之以恒地抓好重点项目建设和工业结构调整，努力开创经济社会发展新局面。

3月19日　省委八届七次全会在郑州召开。会议对省委常委会提名的省政府27个组成部门正职、34个省直单位（省管高校）

党政正职和 7 个省辖市党政正职人选共 81 人进行了审议表决。

3 月 20 日 河南博物院开始长期向社会免费开放。

3 月 31 日至 4 月 1 日 全省县域经济工作会议在郑州召开。会议对巩义市等 21 个县域经济社会发展综合实力强县（市）和汝阳县等 10 个县域经济社会发展先进县进行了表彰。

4 月 7 日 省十一届人大常委会举行第二次会议。会议审议通过了关于接受李成玉辞去省人民政府省长的决定，关于接受杨云、陶明伦辞去省十一届人大常委会委员职务的决定；决定任命郭庚茂为省人民政府副省长、代理省长。

4 月 10 日 2008 中国（郑州）世界旅游城市市长论坛在郑州国际会展中心开幕。

4 月 15 日 全省选聘高校毕业生到村任职工作会议在郑州召开。

5 月 6 日至 7 日 省妇女第十一次代表大会在郑州召开。会议听取了陈砚秋代表省妇女联合会第十届执行委员会所作的《高举中国特色社会主义伟大旗帜，团结动员全省妇女为加快中原崛起而努力奋斗》的工作报告，审议通过了省妇女联合会第十届执行委员会工作报告；选举陈砚秋为河南省妇联第十一届委员会主席，对今后五年全省的妇女工作作出了安排部署。

5 月 12 日至 13 日 省委书记徐光春，省委副书记、代省长郭庚茂，省委副书记陈全国等在四川省汶川县刚发生强烈地震后立即赶到河南省地震局，召开现场会议，了解情况，部署应对工作。19 日，省委、省政府召开紧急会议，安排部署河南向四川绵阳灾区对口捐赠帐篷和活动板房工作。

6 月 13 日 科技部、河南省人民政府部省工作会商第二次会议在北京举行。

6月16日 省委、省政府召开全省领导干部会议。会议强调，要坚定不移地贯彻中央精神，把思想和行动统一到中央的决策部署上来；坚定不移地支援灾区，帮助灾区恢复生产、重建家园；坚定不移地抓好发展，保持经济社会又好又快发展的态势；坚定不移地维护社会稳定，为开好奥运会创造良好条件；坚定不移地加强领导，确保中央决策部署的落实和河南各项任务的完成。

6月16日 河南栾川民丰村镇银行在栾川县挂牌开业，这是河南省成立的首个村镇银行。

7月10日 省委副书记、代省长郭庚茂在郑州会见了中粮集团有限公司总裁于旭波一行。会见结束后，郭庚茂、于旭波共同出席了河南省政府与中粮集团有限公司战略合作框架协议签约仪式。

7月21日至22日 省委八届八次全会在郑州召开。省委书记徐光春主持会议并代表省委常委会就进一步解放思想作了《解放思想改革开放科学发展为加快中原崛起而努力奋斗》的主题讲话。

7月22日 省委下发《中共河南省委印发〈关于在全省开展“新解放、新跨越、新崛起”大讨论活动的方案〉的通知》，要求全省从2008年7月下旬开始，集中两个多月时间，分四个阶段，开展“新解放、新跨越、新崛起”大讨论活动。

7月24日 夏邑县被中国五金制品协会授予“中国打火机生产基地”称号。

7月29日 省政府与深圳航空有限责任公司合作协议签字仪式在郑州举行。

8月5日 省委中心组就“新解放、新跨越、新崛起”大讨论活动分别举行第一次和第二次学习报告会。同日，全省“新解放、新跨越、新崛起”大讨论活动督导组长会议在郑州召开。

8 月 13 日　郏县红牛良种繁育中心确定为国家级郏县红牛保种场。

8 月 15 日　省“新解放、新跨越、新崛起”大讨论活动领导小组会议在郑州举行。

8 月 26 日　第五届中国河南国际投资贸易洽谈会开幕式在郑州举行。签约仪式现场共签约项目 140 个，投资总额 796 亿元人民币。

8 月 29 日　全省文化产业发展和文化体制改革工作会议在郑州召开。会议强调，要加快发展，奋力实现由文化资源大省向文化强省的新跨越。要真抓实干,迅速兴起社会主义文化建设的新高潮。

9 月 3 日　全国新闻界年度最高奖——第十八届中国新闻奖评选揭晓，《河南日报》系列报道《走近卢氏县委土坯房》荣获中国新闻奖一等奖。

9 月 4 日　铁道部和河南省人民政府关于加快河南铁路建设战略合作协议签字仪式在北京举行。

9 月 8 日至 10 日　中共中央总书记、国家主席、中央军委主席胡锦涛先后到河南焦作、郑州等地考察。在河南考察期间，胡锦涛听取了徐光春代表省委、省政府汇报的河南“三农”工作情况；参加省、市、县、乡、村有关干部座谈会，听取焦作市委、孟州市委、温县南张羌镇党委等有关发言。胡锦涛希望河南深入贯彻落实科学发展观，紧紧抓住国家大力促进中部地区崛起的宝贵机遇，在推动科学发展、促进社会和谐上迈出新步伐，在全面建设小康社会、加快推进社会主义现代化进程中谱写中原崛起的新篇章。

9 月 12 日　省委全委扩大会议在郑州召开。会议传达学习了胡锦涛总书记视察河南的情况和重要讲话内容。

9月16日 豫港服务业合作发展恳谈会在香港举办。省委书记徐光春作了《在优势互补中加强合作，在携手发展中共创双赢》的演讲。

9月17日 由中国科学技术协会和河南省人民政府共同主办的第十届中国科协年会在郑州国际会展中心开幕。

9月24日 省委、省政府制定下发《关于进一步加强招商引资工作的意见》，就河南进一步实施开放带动主战略，促进开放型经济发展实现新跨越，进一步加强招商引资工作提出意见。

9月26日 第十届亚洲艺术节在省体育中心开幕。

9月28日 省委常委会在郑州召开。会议传达学习了胡锦涛总书记在全党深入学习实践科学发展观活动动员大会暨省部级主要领导干部专题研讨班上的重要讲话，传达了国务院总理温家宝在专题研讨班上作的专题报告、习近平同志和李源潮同志的讲话，研究部署了全省第一批学习实践活动。

10月6日 全省深入学习实践科学发展观活动动员大会暨市厅级主要领导干部专题研讨班开班式在郑州举行。

10月14日 在全国田径锦标赛中，河南田径队夺得1金2银1铜，打破了10年来从未获得过全国冠军的局面。

10月16日至17日 省委全委（扩大）会议在郑州召开。会议传达贯彻党的十七届三中全会精神，研究部署全省农村改革发展工作，审议通过《中共河南省委、河南省人民政府关于贯彻落实党的十七届三中全会和胡锦涛总书记视察河南时重要讲话精神　进一步推进农村改革发展的意见》。

10月17日 河南省人民政府、教育部共建河南大学签字仪式在郑州举行。

10 月 23 日 省委农村工作领导小组会议在郑州召开。会议深入学习贯彻党的十七届三中全会精神和胡锦涛总书记视察河南时重要讲话精神，就抓好《中共中央关于推进农村改革发展若干重大问题的决定》和《中共河南省委、河南省人民政府关于贯彻落实党的十七届三中全会和胡锦涛总书记视察河南时重要讲话精神，进一步推进农村改革发展的意见》的贯彻落实进行安排部署。

10 月 27 日至 31 日 省委书记徐光春率领河南省代表团到韩国、日本考察访问。

11 月 4 日 省委副书记、代省长郭庚茂在北京河南大厦会见加拿大马尼托巴省省长盖瑞·多尔一行，并与多尔共同签署了《中国河南省与加拿大马尼托巴省加强经济发展合作备忘录》。

11 月 11 日 省委青年工作会议在郑州召开。12 日，省委、省政府发出《关于进一步加强与改进共青团和青年工作的意见》。

11 月 14 日 省委书记徐光春，省委副书记、代省长郭庚茂在郑州会见了日本日产公司全球高级副总裁柯林·道奇先生一行。

11 月 20 日 省委、省政府在郑州召开研究有关中原崛起的重大问题会议。

12 月 9 日 全省第一批学习实践科学发展观活动第一次转段工作会议召开。会议强调，要以学习贯彻胡锦涛总书记重要讲话精神为动力，扎实做好学习实践活动分析检查阶段各项工作。

12 月 10 日 在 2006—2007 年度全国无偿献血表彰电视电话会议上，河南再次获得“无偿献血先进省”荣誉称号，是全国唯一连续三次获此殊荣的省份。

12 月 12 日 全省深入学习实践科学发展观活动省委常委学习

和调研交流会在郑州举行。

12 月 22 日至 23 日 省委八届九次全体（扩大）会议在郑州召开。会议强调，做好 2009 年经济工作必须统筹处理好八大关系，打赢“六大硬仗”。

12 月 26 日 全省“新解放、新跨越、新崛起”大讨论活动电视电话总结会议召开。

同日 全省文化改革发展试验区建设工作会议召开。会议对全省文化改革发展试验区建设提出了具体意见。同日，河南省文化产业投资有限责任公司在郑州成立。

2009年

1月12日至17日 省十一届人大二次会议在郑州举行。会议审议通过了省人大常委会、省“一府两院”工作报告，审查了计划、财政报告,并作出了相应决议；选举郭庚茂为河南省人民政府省长。

2月7日至8日 中共中央政治局常委、国务院总理温家宝在河南检查指导抗旱工作。温家宝先后到长葛市老城镇尹家堂村和禹州市方岗乡杨北村查看麦田灾情，在禹州市主持召开由农民和基层干部参加的抗旱工作座谈会。

2月8日 河南、台湾实现空中直航。

2月9日 省委召开省级领导干部会议，传达贯彻温家宝总理视察河南时的重要讲话精神。

2月10日 省委、省政府召开全省农民工工作电视电话会议，贯彻党中央、国务院关于切实做好当前农民工工作的重要精神，推动河南有关政策措施的落实，对当前的工作进行再动员再部署。

2月16日至19日 2009豫澳（港）投资贸易洽谈会分别在澳门香港举行。

2月24日 省委召开常委会，研究讨论关于在全省党员干部中开展“讲党性修养、树良好作风、促科学发展”教育活动方案。

同日 省委农村工作会议在郑州召开。会议强调，要全面贯彻党的十七大、十七届三中全会和中央经济工作会议精神，认真落实中央农村工作会议和中央一号文件精神，抓住关键，突出重点，切实把农业农村工作的各项任务落到实处。

3月18日 河南省召开第一批深入学习实践科学发展观活动总结暨第二批深入学习实践科学发展观活动动员大会，对河南省第一批学习实践活动进行总结，对第二批学习实践活动进行动员部署。

3月31日至4月3日 中共中央政治局常委、中央书记处书记、国家副主席习近平到河南调研。习近平先后到洛阳、开封、郑州、新乡等地，同广大干部、职工、学生、农民交谈、座谈，实地考察当地经济社会发展情况。习近平指出，要积极应对国际金融危机冲击，全力做好保增长、保民生、保稳定的各项工作。

4月3日 河南省历史上首次发行政府债券。

4月4日 省委召开专题会议，传达学习中共中央政治局常委、中央书记处书记、国家副主席习近平关于学习和弘扬焦裕禄精神重要讲话，并对深入学习大力弘扬焦裕禄精神作出安排部署。

4月7日 全省“讲党性修养、树良好作风、促科学发展”教育活动动员大会在郑州召开，对开展“讲党性修养、树良好作风、促科学发展”教育活动进行动员部署。

4月20日 河南省知识产权维权援助公益热线“12330”开通。

5月8日 河南省召开推广邓州市“4+2”工作法电视电话会议。会议贯彻落实中央关于加强农村基层党组织建设的重要指示精神，在全省村级组织中推广邓州市农村党支部、村委会“4+2”工作法，积极推进农村基层组织建设。

5月15日至19日 中共中央政治局常委、中央纪委书记贺国强到河南省调研。

5 月 25 日 省委、省政府召开河南省农村改革发展综合试验区工作会议。

5 月 27 日 全省旅游产业发展大会在郑州召开。会议全面部署省委、省政府确定的“旅游立省”战略，落实加快旅游业发展的各项工作，要求尽快把河南省旅游业培育成为全省国民经济的重要支柱产业。

6 月 1 日 省政府与中国南方航空集团公司在郑州签署战略合作协议。6 月 9 日，省政府与中国海南航空集团有限公司在郑州签署战略合作协议。

6 月 5 日至 7 日 郑汴新区空间发展战略规划方案国际征集活动最终评审会在郑州召开。

6 月 6 日 郑州轨道交通工程正式开工兴建。

6 月 17 日至 20 日 中共中央政治局常委、国务院副总理李克强到河南调研。在豫期间，李克强听取了省委、省政府工作汇报并作了重要讲话。他希望河南深入贯彻落实科学发展观，紧紧抓住国家促进中部崛起的战略机遇，加快推进工业化、城镇化和农业现代化，谱写出中原崛起的新篇章。

6 月 26 日 省委召开常委会，听取全省“讲党性修养、树良好作风、促科学发展”教育活动检查评议阶段情况汇报。

6 月 28 日至 7 月 3 日 以省委书记徐光春为团长的河南省高级代表团到奥地利、德国访问。

7 月 1 日 全省推广郑州市农村党支部、村委会“4+2”工作法座谈会召开。

7 月 14 日 省政府办公厅印发《河南省人民政府关于支持省

级文化改革发展试验区建设的若干意见》。

7月22日 全省“讲党性修养、树良好作风、促科学发展”教育活动总结大会在郑州召开。

7月28日 穿越省会郑州的南水北调中线工程郑州段正式开工建设。

8月7日 郑州新区开发建设动员大会在郑州召开。

8月16日至25日 省委副书记、省长郭庚茂率领河南省政府代表团，到泰国、新加坡、印度尼西亚考察。

8月28日 第四届豫商大会开幕式在漯河举行。

9月8日 河南省召开学习实践科学发展观活动第二批总结暨第三批动员电视电话会议。

9月20日 由农业部与河南省政府联合主办的2009年全国农产品加工业博览暨东西合作投资贸易洽谈会开幕式在驻马店举行。

9月28日 全省文化体制改革工作会议在郑州召开。会上，郑州、开封、洛阳、安阳、商丘5个文化体制改革试点市、省直有关部门和文化改革发展试验区主要负责人递交了文化体制改革任务目标责任书。

9月28日至29日 中共河南省军区第十一次代表大会召开。会议审议通过了中共河南省军区第十届党委工作报告和党的纪律检查委员会工作报告，讨论确定了今后5年省军区部队建设的奋斗目标和主要任务。大会选举产生了省军区第十一届党的委员会和新一届纪律检查委员会。省委书记、省人大常委会主任徐光春当选省军区党委第一书记，省委常委、省军区政委颜纪雄当选省军区党委书记。

10月20日 2009全球商报经济论坛在郑州开幕。

10 月 22 日 省委召开常委会，传达贯彻胡锦涛总书记等中央领导同志对河南粮食丰收的重要批示精神。

10 月 24 日 河南省人民政府和教育部共建国家职教改革试验区工作领导小组第一次会议在郑州举行。

同日 河南省情说明暨与央企战略合作协议签字和项目集中启动仪式在郑州举行。

11 月 10 日 省政府与农业部合作共建河南农业大学协议签字仪式在郑州举行。这标志着河南农业大学正式进入省部共建行列，成为全国第一个省部共建省属农业大学试点。

11 月 12 日至 16 日 中共中央政治局常委李长春就保持经济平稳较快发展、加强和改进宣传思想工作、深化文化体制改革等问题到河南调研。

11 月 30 日 省委召开全省领导干部会议，传达中央关于河南省委主要领导职务调整的决定：卢展工任中共河南省委委员、常委、书记，提名为河南省人大常委会主任候选人；徐光春不再担任中共河南省委书记、常委、委员职务，不再担任河南省人大常委会主任职务。

12 月 14 日至 20 日 “中原文化宝岛行”活动在台湾举行。

12 月 24 日至 25 日 省委经济工作会议在郑州召开。会议传达了中央经济工作会议精神，分析了面临的经济形势，安排部署了 2010 年的经济工作。省委书记卢展工强调，贯彻好中央经济工作会议和省委经济工作会议精神，持续目前经济社会发展的好势头，在实践中需要坚持重在持续、重在提升、重在统筹、重在为民“四个重在”。

2010年

1月5日　省政府与国家粮食局在省人民会堂举行共建河南工业大学协议签字仪式。

1月20日至21日　省委农村工作会议在郑州举行。会议强调，要全面落实中央农村工作会议和中央一号文件精神，围绕“稳粮保供给、增收惠民生、改革促统筹、强基增后劲”的基本思路，按照“四个重在”的要求，以奋发有为的精神状态，再创农业发展、农村繁荣、农民增收新佳绩。

1月25日至30日　省十一届人大三次会议在郑州举行。会议听取和审议了省人大常委会、省“一府两院”工作报告，审查了计划、财政报告，并作出了相应决议；会议选举卢展工为省十一届人大常委会主任，王文超为省十一届人大常委会副主任。

2月28日　全省学习实践科学发展观活动电视电话总结大会召开。

3月3日　省委、省政府在北京河南大厦召开河南进京务工人员座谈会。省委书记、省人大常委会主任卢展工，省委副书记、省长郭庚茂等省领导与30名河南籍进京务工人员面对面交流。卢展工称赞说，大家的经历和发言，充分体现了平凡之中的伟大追求、平静之中的满腔热血、平常之中的极强烈的责任感的“三平精神”。

有追求就有创造，有激情就有梦想，有责任就能树立形象，我们中原崛起很需要这种精神。

3 月 11 日 “全国白内障无障碍省”联合检查验收组宣布河南省达到《全国白内障无障碍省标准》，在全国率先建成“白内障无障碍省”。

3 月 18 日 省政府办公厅印发《河南省人民政府关于进一步促进产业集聚区发展的指导意见》。

3 月 19 日 省委召开常委会会议，学习传达贯彻胡锦涛、李长春、李克强、刘云山、刘延东等中央领导在十一届全国人大三次会议召开期间，参加河南代表团审议或看望河南团代表时的重要讲话精神。

3 月 23 日至 28 日 中共中央政治局委员、全国政协副主席王刚就贯彻全国“两会”精神、加快经济发展方式转变、贯彻落实中央决策部署到河南调研。

4 月 18 日 省委书记卢展工会见国家旅游局局长邵琪伟一行。同日，国家旅游局与河南省人民政府签署建立局省紧密合作机制备忘录。

4 月 19 日至 21 日 省委书记卢展工率河南省代表团到新疆哈密，衔接调研对口支援工作。

4 月 30 日 全省深入开展创先争优活动动员会在郑州召开。

5 月 16 日至 18 日 第八届中国（漯河）食品博览会在漯河举行。

5 月 24 日 河南省首所独立公办高等艺术院校——中原文化艺术学院，在郑州新区郑汴产业带职教园区举行奠基仪式。

6 月 9 日至 10 日 中共中央政治局常委、国务院总理温家宝就“三夏”生产和农业农村工作深入长葛市、许昌县农村和郑州市调研并主持召开农民和基层干部座谈会。

6月16日 省委书记卢展工在郑州会见前来参加河南—浙江投资项目洽谈会的全国政协人口资源环境委员会副主任、九届浙江省政协主席、长三角（浙江）民营经济研究会会长李金明和部分浙商代表。6月18日，河南—浙江投资合作洽谈会暨项目签约仪式在郑州举行。

7月1日 省政府和新加坡贸易和工业部国际物流合作座谈会在郑州举行。会谈结束后，新加坡国际企业发展局与河南省商务厅共同签署了《共建河南（郑州）新加坡国际物流产业园合作备忘录》。

7月9日至11日 中共中央总书记、国家主席、中央军委主席胡锦涛到河南考察工作。考察中，胡锦涛总书记深入洛阳的大型企业、科研机构和乡村农户，就保持经济平稳较快发展、加快转变经济发展方式、保障和改善民生、加强和改进党的建设等进行调查研究、提出殷切希望。考察结束时，胡锦涛总书记听取了河南省委、省政府所作的工作汇报并作重要讲话。

7月13日 以“中原风情、魅力河南”为主题的中国2010上海世博会河南活动周在世博园宝钢大舞台开幕。

7月19日 河南省旅游推介会在莫斯科举行。

同日 全省选派党员干部驻村任职暨建立农村“六大员”制度试点工作动员部署会议召开。按照省委的部署，全省选派了19名省直机关党员干部，分别到全省19个行政村担任村党组织“第一书记”。

8月10日 河南省与中央企业合作洽谈会省情说明暨签约仪

式在郑州举行。

8 月 12 日　全省农村改革发展综合试验区座谈会在信阳市召开。会议强调，要坚持“三具两基一抓手”科学工作法，确保重点项目建设按规划有序推进，并力争将综合试验区推荐为国家级试验区。

8 月 24 日　港澳深地区闽籍企业家访豫活动见面会在郑州国际会展中心举行。

8 月 26 日　第六届中国河南国际投资贸易洽谈会开幕式在郑州举行。当日，第六届中国河南国际投资贸易洽谈会河南省情说明会暨项目签约仪式在郑州举行。

8 月 27 日　全省统筹城乡发展试验区工作汇报会在郑州召开。会议强调，推进试验区建设要充分运用“三具两基一抓手”的工作方法，把重点工作细化、具体化，不折不扣地把各项任务落到实处。

8 月 28 日　第五届豫商大会开幕式在开封举行。

9 月 5 日　由国务院发展研究中心、河南省委宣传部共同举办的中原经济区发展战略座谈会在北京召开。

9 月 8 日　第十四届中国国际投资贸易洽谈会在厦门开幕。作为本届投洽会唯一的“主宾省”，河南省组成了以省长郭庚茂为团长的河南省政府代表团，并参加本届投洽会主要活动。

9 月 9 日　全省新农村示范村建设启动会议在林州市召开。

9 月 19 日至 22 日　中共中央政治局委员、中央书记处书记、中宣部部长刘云山深入洛阳、平顶山、南阳等地，重点就文化体制改革，文化事业、文化产业发展和基层文化建设进行深入调查研究。

9 月 28 日　由国务院台湾事务办公室、河南省人民政府共同主办的“2010 河南台湾月暨郑州台湾产品节”在郑州开幕。

10月7日 河南省建设中原经济区汇报座谈会在北京举行。

10月8日至9日 中共中央政治局常委、国务院副总理李克强到河南调研。

10月19日 第八届中国国际农产品交易会暨第三届中国郑州农业博览会开幕。

10月21日 省委召开常委（扩大）会议，传达学习党的十七届五中全会精神。

10月25日 2010豫台经贸合作洽谈会见面会在郑州举行。

10月30日 新晋商（河南）大会暨世界晋商共建中原经济区高层峰会在郑州开幕。

11月1日 第十一届中国工艺美术大师作品暨国际艺术精品博览会中，河南省工艺美术大师李廷怀的汝瓷《荷韵》、刘志军的钧瓷《坤德洗》、郭爱和的唐三彩《国之中·城之源》获得金奖。

11月2日 河南省对口支援江油市恢复重建项目整体移交仪式在四川省江油市中原职教中心举行。至此，河南省胜利完成了中央确定的对口支援"三年目标任务两年基本完成"的工作目标。

11月10日 全省选派机关党员干部驻村任职及建立农村"六大员"制度试点工作座谈会在郑州举行。

同日 河南省三级医院（含省直医院）"118114"电话预约挂号服务平台启动。

11月12日 由省政府与工业和信息化部共同主办的中国郑州2010产业转移系列对接活动在郑州国际会展中心开幕。

11月17日至19日 省委八届十一次全会在郑州举行。全会深入学习了党的十七届五中全会精神，听取和讨论了省委常委会工作报告，审议通过了《中共河南省委关于制定全省国民经济和社会发展第十二个五年规划的建议》，审议并原则同意《中原经济区建设纲要（试行）》。

11 月 30 日 省委书记卢展工在郑州会见了富士康集团总裁郭台铭一行。

12 月 24 日至 25 日 全省对外开放工作会议在郑州召开。会议强调，要着力打造内陆开放高地，努力以对外开放新突破带动经济社会大发展。

2011年

1月10日 省政府办公厅印发国家工商总局出台的《关于支持中原经济区建设的意见》。这是首个国家部委出台的对中原经济区建设的支持意见。

1月11日 省委农村工作会议在郑州召开。会议强调，要坚持“四个重在”实践要领，以“三化”协调的理念推动“三农”工作。

1月15日至21日 省政协十届四次会议在郑州召开。会议补选叶冬松为省十届政协主席。

1月21日至23日 中共中央政治局常委、国务院总理温家宝深入河南基层考察，指导河南当前各项工作、农村农业发展特别是抗旱工作，并就中原经济区建设作了重要讲话。

1月26日 省发改委举行新闻发布会宣布，在国务院刚刚印发的《全国主体功能区规划》中，中原经济区被纳入国家层面的重点开发区域。首次被写入国家文件，标志着中原经济区建设已正式上升到国家战略层面。

同日 省军区召开助推中原经济区建设“五项行动”任务部署会，总结交流了省军区各级近年来支持地方经济社会建设的经验做法，对实施助推中原经济区建设“五项行动”作出部署。

3月7日 中共中央政治局常委、国家副主席习近平来到出席十一届全国人大四次会议的河南代表团，与代表们共同审议政府工作报告，审查“十二五”规划纲要（草案）。

3 月 9 日 省政府发展研究中心、河南日报社、社会科学文献出版社、中国经济时报社等单位联合在北京举行发布会，正式发布了中原蓝皮书《中原经济区发展报告（2011）》。

4 月 6 日 “从中原到中原崛起”的中原经济区论坛在郑州举行。

4 月 10 日 第 29 届中国洛阳牡丹文化节开幕式暨《千姿牡丹》《花开五洲》邮票发行仪式举行。

4 月 12 日 宁陵县被认定为“中国长寿之乡”。

4 月 27 日 河南与香港旅游双向交流与合作发展大会在郑州举行。

5 月 6 日 2011 豫京津经济合作项目洽谈会暨项目签约仪式在北京举行。

5 月 16 日至 18 日 第九届中国（漯河）食品博览会在漯河市举办。

5 月 24 日 财政部与省政府共同推进中原经济区建设备忘录签字仪式在北京举行。

5 月 30 日 豫沪经济合作交流见面会在郑州国际会展中心举行。

6 月 3 日 河南省 2011 年与中央企业合作重点项目签约仪式在北京人民大会堂举行，双方确定的总投资 2 898 亿元的 130 个合作项目将为河南未来发展注入强大动力。

6 月 6 日至 10 日 省委副书记、省长郭庚茂率领“2011 年河南—港澳经贸交流活动”代表团一行先后到香港、澳门，开展为期五天的豫港澳经贸交流活动。

6 月 13 日 中原经济区建设调研见面会在郑州举行。省委副书记、省长郭庚茂在会上介绍了河南省经济社会发展情况及中原经济区建设有关设想。17 日，中原经济区建设调研交换意见会在郑州举行。

6 月 15 日 河南省命名首批 10 个党史教育基地。

6 月 16 日至 23 日 由省委副书记、省长郭庚茂率领的“中原经济区合作之旅——走进台湾”河南参访团一行在台湾参观访问。

6 月 28 日 中国（河南）—东盟合作交流洽谈会在郑州举行。

6 月 30 日 省委在郑州召开河南省庆祝中国共产党成立 90 周年大会。

7 月 21 日 省政府与国家自然科学基金委员会人才培养联合基金签约仪式在郑州举行。

8 月 18 日 省水利工作会议在郑州召开。会议强调，要抓住“提升”和“持续”这两个关键，全面推进河南水利各项工作，为中原经济区建设，为走出一条不以牺牲农业和粮食、生态和环境为代价的以新型城镇化为引领的“三化”协调科学发展的路子提供强有力支撑和保障。

8 月 26 日 2011 年河南省承接产业和技术转移合作交流洽谈会在郑州国际会展中心开幕。

同日 中原经济区投资说明会暨合作项目签约仪式在郑州举行，共有 327 个项目签约，投资总额 3 018 亿元。

8 月 28 日 第六届豫商大会在商丘市举行。

9 月 6 日 2011 年全国农产品加工业投资贸易洽谈会在驻马店市开幕。

9 月 7 日 第十五届中国国际投资贸易洽谈会在厦门开幕。河南代表团在此次投洽会上主打“中原经济区”牌，举办了中原经济区投资说明暨河南省优势产业推介会。

9 月 16 日 省委八届十四次全会在郑州召开。全会对部分省辖市、省直单位党政正职人选进行审议票决。

9 月 22 日至 23 日 中共中央政治局委员、北京市委书记刘淇，北京市委副书记、市长郭金龙率北京市党政代表团来河南考察。

9 月 28 日 国务院发出《关于支持河南省加快建设中原经济区的指导意见》。

10 月 10 日 省委、省政府下发《关于认真学习贯彻国务院〈关于支持河南加快建设中原经济区的指导意见〉的通知》。

10 月 14 日至 30 日 豫剧大师马金凤获 2011 年中国戏剧奖·终身成就奖。

10 月 26 日至 30 日 中国共产党河南省第九次代表大会在郑州召开。卢展工同志代表中国共产党河南省第八届委员会向大会作了《深入贯彻落实科学发展观，全面推进中原经济区建设，为加快中原崛起河南振兴而努力奋斗》的报告。会议通过了《中国共产党河南省第九次代表大会关于中共河南省第八届委员会工作报告的决议》《中国共产党河南省第九次代表大会关于中共河南省纪律检查委员会工作报告的决议》。30 日，中国共产党河南省第九届委员会在郑州举行第一次全体会议，卢展工当选为中共河南省第九届委员会书记。同日，中国共产党河南省第九届纪律检查委员会举行第一次全体会议，选举尹晋华为中国共产党河南省第九届纪律检查委员会书记。

11 月 1 日 省政府与交通运输部《贯彻落实〈国务院关于支持

河南省加快建设中原经济区的指导意见〉加快推进交通运输发展会谈纪要》签字仪式在郑州举行。

11 月 4 日 郑州新郑综合保税区封关、郑州综合保税区海关开关、郑州综合保税区出入境检验检疫局开检仪式在郑州新郑综合保税区主卡口外举行。

11 月 10 日 农业部和河南省人民政府共同推进中原经济区现代农业建设合作备忘录签字仪式在北京举行。

11 月 12 日 由工业和信息化部、河南省政府共同主办的第二届中国郑州产业转移系列对接活动在郑东新区国际会展中心正式开幕。

12 月 10 日 国家粮食局与河南省人民政府支持中原经济区建设加快现代粮食流通产业发展战略合作协议签字仪式在北京举行。

12 月 26 日至 27 日 省委九届二次全会在郑州召开。全会审议通过了《中共河南省委关于贯彻落实中共中央关于深化文化体制改革推动社会主义文化大发展大繁荣若干重大问题的决定的实施意见》，审议了《省委常委会 2011 年工作情况报告》，对部分正市厅级干部人选进行了酝酿和票决。

12 月 28 日 郑州新郑国际机场年旅客吞吐量突破千万人次庆典仪式在郑州举行。

2012年

1月3日 由省豫剧一团排演的大型现代豫剧《常香玉》荣获国家舞台艺术精品工程“十大精品剧目”，这是河南省连续六年在这一全国重大文艺赛事评选中夺得大奖，成为全国唯一的“六连中”省份。

1月6日 省豫剧一团大型现代豫剧《常香玉》荣获国家舞台艺术精品工程“十大精品剧目”第一名。

1月7日 河南省最大的氧化镁生产企业——郏县嵩山镁业有限公司一期工程1万吨氧化镁项目投产运营。

1月13日 省政府与教育部就加快河南教育发展推进中原经济区建设在郑州举行战略合作协议签字仪式。

1月16日至17日 共青团河南省十三届七次全委（扩大）会议在郑州举行。会议审议通过了《共青团河南省委关于在推动务实河南发展中进一步加强团干部作风建设“树立三种形象”的决议》。

1月18日 郑州、开封两市“郑汴公交一卡通”启用。

1月29日 河南首个村级政务网络平台——中牟县“阳光村务网”开通。

2月13日至23日 省长郭庚茂先后到美国、德国、几内亚、阿联酋参观考察。

2月23日 中央第四地方巡视组回访河南省工作动员会召开。

同日 河南省被批准为国家农村信息化示范省建设试点。

2月23日至25日 中共中央政治局委员、国务院副总理王岐山到河南省郑州、许昌进行调研，并主持召开中小金融机构座谈会。

2月27日 全省工业大会在郑州召开。会议对上年工作作了系统总结，对2012年工作进行了全面安排部署。会议还通报表彰了2011年度企业服务先进单位和个人。各省辖市政府向省政府递交了2012年承接产业转移目标责任书。

2月28日 "固始甲鱼"和"固始萝卜"荣获农业部颁发的中华人民共和国农产品地理标志登记证书。

2月29日 部省推进中原经济区建设协议书签字仪式暨2012年部省工作会商会议在郑州举行。签字仪式上，全国政协副主席、科技部部长万钢和省委副书记、省长郭庚茂签署了《科学技术部河南省人民政府发挥科技创新支撑引领作用共同推进中原经济区科学发展协议书》和《科学技术部河南省人民政府"十二五"工作会商制度议定书》。

3月1日 卫生部居民健康卡首批试点地区河南发卡仪式在郑州市举行。

3月6日 国务院扶贫办与河南省政府在北京河南大厦举行《关于支持河南加快中原经济区建设合作备忘录》签字仪式。

3月10日 中国科学院与省政府在北京举行《共同推进中原经济区建设全面合作协议》签字仪式。

同日 经省政府批复，河南省新布局了三门峡高新技术产业开发区、济源高新技术产业开发区、孟州高新技术产业开发区、民权高新技术产业开发区、宝丰高新技术产业开发区、安阳中原高新技术产业开发区、洛龙高新技术产业开发区等 7 个省级高新区。截至当前，河南省国家级高新区 4 个、省级高新区 10 个。

3 月 13 日 文化部、国家文物局与河南省人民政府在北京举行关于共同推进华夏历史文明传承创新区建设合作协议签字仪式。

3 月 14 日 国务院国资委与省政府在北京签署合作备忘录。

3 月 15 日 民政部和省政府共同推进中原经济区民政事业创新发展合作协议签字仪式在北京举行。

3 月 16 日 郑州和平顶山的数字城市地理空间框架建设项目完成并通过验收，成为河南省最早完成数字城市建设的两个省辖市。

3 月 17 日至 18 日 中共中央政治局常委、国务院总理温家宝深入河南调研，看望广大农民群众和基层农业科技人员，考察春季农业生产。温家宝指出，河南建设中原经济区，与其他省份有所不同的就是要实现“三化”协调、城乡协调，这是最大的特点，也最有意义、最有示范效应。

3 月 22 日 河南省台胞“落地签注”开通仪式在新郑国际机场举行。台湾居民签注业务的开通，结束了河南省只有台湾直航班机而无台湾居民签注的历史。

3 月 25 日 以“华夏历史文明传承创新”为主题的第二届中原经济区论坛在郑州国际会展中心举行。

3 月 26 日 国家林业局批复同意郑州市创建国家森林城市。至此，河南已有平顶山、济源、鹤壁、郑州 4 个城市获批“创森”。三门峡 2011 年年底通过“创森”验收，许昌、新乡、漯河和洛阳 4 个城市“创森”成功，河南成为全国森林城市最多的省份之一。

3 月 31 日 河南省人民政府、海航集团有限公司、富士康集团有限公司战略合作协议签字仪式在海口举行。

4月3日 省高级人民法院党组公布实施《错案责任终身追究办法（试行）》，在全国开错案追责“终身制”先河。

4月6日 《人民日报》在一版头题刊发长篇通讯《河南务实发展稳步前行》，从“突出持续”“突出谋划”“突出为民”“突出务实”“突出统筹”五个方面对河南探索不以牺牲农业和粮食、生态和环境为代价，以新型城镇化为引领的“三化”协调科学发展之路进行了全面的报道。

4月10日 第30届中国洛阳牡丹文化节开幕式在洛阳举行。

4月11日 2012广东产品河南行启动暨粤豫经贸合作项目签约仪式在郑州举行。

同日 河南省与美国阿肯色州建立友好省州关系协议书签字仪式在郑州举行。

4月12日至17日 中共中央政治局常委、全国人大常委会委员长吴邦国深入河南郑州、新乡、焦作、洛阳等地调研考察工作。

4月19日 受省委和省委书记卢展工委托，省委副书记、省委组织部长邓凯代表省委专程到兰考传达习近平副主席的重要批示。

5月6日 “数字薛店”地理空间框架及应用示范项目通过专家组验收，郑州市薛店镇成为河南省首个建成的“数字乡镇”，并被省测绘局授予“河南省数字乡镇示范镇”称号。

5月8日 全国首个“村级市”——濮阳市濮阳县西辛庄村“濮阳县庆祖镇西辛庄市（筹）”挂牌。

5月10日 河南省人民政府与国家知识产权局在郑州举行《关于发挥知识产权支撑作用加快中原经济区建设合作框架协议》的签

字仪式。

同日 部省合作共同推进中原经济区建设的重点项目——国家质检中心郑州综合检测基地在郑州开工奠基。

5月11日 国务院台湾事务办公室和省政府在北京签署《关于加快中原经济区建设促进豫台交流合作备忘录》。

5月14日 省政府与铁道部在北京签署《进一步推进河南铁路建设会议纪要》。

同日 省政府与国家开发银行在北京举行高层联席会议暨合作备忘录签字仪式。

同日 国家发展改革委正式下发文件，批准设立豫晋陕黄河金三角承接产业转移示范区。这是全国唯一一个跨省设立的承接产业转移示范区。

5月15日 河南省统一启用电子普通护照。

5月17日至20日 中共中央政治局委员、全国人大常委会副委员长、中华全国总工会主席王兆国到河南郑州、开封、洛阳、焦作等地考察指导工作。

5月22日 省委、省政府召开河南省南水北调丹江口库区移民迁安总结表彰暨后期帮扶工作动员电视电话会议。

5月23日 全省消费品工业工作会议公布首批河南特产食品名单。“好想你”枣产品、“双汇”王中王、“铁棍”山药、“九华山”信阳毛尖、“第一楼”小笼灌汤包子、“金丝猴”豆腐干、“仲景”香菇酱、“九代张文献”道口烧鸡、“固始鸡”固始鸡、“王守义”十三香等10个企业的产品，成为首批河南特产食品。

5月28日 “大力发展服务贸易加快中原经济区建设”主题推介会在北京举行。省长郭庚茂围绕中原经济区建设发表了主题演讲。

5 月 29 日 中央机构编制委员会办公室与省政府在北京举行签字仪式，签署《共同创新中原经济区行政管理体制合作备忘录》。

6 月 2 日 中原数据基地项目奠基仪式在郑州举行。

6 月 6 日 铁路法院、检察院移交签字仪式在郑州举行，标志着河南境内的铁路法院、检察院正式移交地方，实行属地管理。

6 月 13 日至 17 日 中共中央政治局常委李长春就贯彻落实党的十七届六中全会精神、加快转变经济发展方式、推进文化改革发展等先后到洛阳、平顶山、许昌、郑州考察调研。

6 月 15 日 全省非公有制企业党的建设工作会议在郑州召开。会议提出，河南省要努力实现党的组织和党的工作在非公企业全覆盖。

6 月 18 日 河南省启动小麦最低收购价执行预案，各库点按照国标三等小麦每斤 1.02 元的价格敞开收购夏粮。

6 月 19 日 新乡市举行耕地占补平衡指标拍卖会，对卫辉市 2 000 亩耕地占补平衡指标进行拍卖。这是河南省首次拍卖耕地占补平衡指标。

6 月 21 日 中央第四地方巡视组回访河南省情况反馈会召开。

6 月 25 日 河南省居民阶梯电价具体实施方案将从 7 月 1 日起执行，第一档电量定为 180 度，此基数以下保持价格不变。

6 月 26 日 中共河南省代表会议在郑州召开。会议选举产生了 68 名河南省出席党的十八大代表。

同日 总建筑面积 12 万余平方米的郑州大学第一附属医院新病房楼投入使用。该病房楼是当前国内最大、最先进的智能化综合性病房大楼。

6 月 28 日　大型新编现代豫剧《丹水情深》在郑州上演。

同日　河南省创先争优活动表彰大会在郑州召开。大会对创先争优活动开展以来全省各条战线涌现出的先进基层党组织、优秀共产党员和先进县（市、区）党委进行表彰。

7 月 1 日　郑州—浦东—大阪航线首航成功。

7 月 17 日　国务院正式批复国家发展改革委、国务院南水北调办、水利部、环境保护部、住房和城乡建设部和河南、湖北、陕西三省编制的《丹江口库区及上游水污染防治和水土保持“十二五”规划》。

7 月 19 日至 20 日　2012 中国郑州国际航空物流对接会在郑州国际会展中心举行。

7 月 26 日　省政府发出《关于印发濮阳市建设中原经济区濮范台扶贫开发综合试验区总体方案的通知》。

同日　河南省复转军人创业就业帮扶中心在郑州揭牌成立。

7 月 30 日　省委常委会研究通过《鹤壁新区建设总体方案》。

7 月 31 日　河南省已实现城乡居民社会养老保险制度全覆盖。

8 月 1 日　中共中央政治局常委、国务院总理温家宝到河南考察黄河防汛工作。温家宝考察了小浪底水利枢纽工程泄洪排沙情况，并到小浪底水利枢纽工程库区移民村——孟津县朝阳镇煤窑村看望村民。

8 月 2 日　全省深化医药卫生体制改革工作会议在郑州召开。会议宣布正式启动全省 40 个全国县级医院综合改革试点县（市）的试点工作。

8 月 5 日至 7 日　柬埔寨国王诺罗敦·西哈莫尼到河南访问。西哈莫尼一行先后到郑州、焦作、济源、洛阳等地，考察河南工业、农业发展情况，探访历史文明古迹。

8月7日 由国家发展改革委组织召开的中原经济区规划编制工作启动会议在郑州举行，标志着中原经济区建设进入关键阶段。

同日 经省委批准，省公开选拔领导干部工作领导小组办公室发布了《河南省2012年公开选拔省直副厅级领导干部公告》，面向全省公开选拔20名省直副厅级领导干部。

8月14日 全省定点扶贫暨千企帮千村工作会议召开。

8月16日 省长郭庚茂在郑州主持召开省会城市规划建设情况汇报会，研究郑州城市规划建设问题。

同日 宜阳县灵山新型农村社区永和希望小学举行奠基仪式。这是河南省希望工程援建的首个新型农村社区希望小学。

8月17日 经国务院批准，新乡工业园区正式升级为国家级经济技术开发区，定名为“新乡经济技术开发区”。

8月28日至29日 由省政协主办的第七届豫商大会在许昌举行。

9月6日至8日 由农业部、河南省政府主办的2012年全国农产品加工业投资贸易洽谈会在驻马店市举行。

9月24日 由河南省人民政府、工业和信息化部主办的2012中国（郑州）产业转移系列对接活动在郑州国际会展中心开幕。

同日 中国南方航空公司与河南民航发展投资有限公司签署合资合同仪式在郑州举行，共同组建中国南方航空河南航空有限公司。

9月27日 由河南省人民政府与国家旅游局共同主办的2012中国（郑州）世界旅游城市市长论坛在郑州国际会展中心开幕。

9月28日 京广高铁郑州至武汉段通车运营、综合交通枢纽——郑州东站正式建成启用。

同日 第十届中国国际农产品交易会河南省重大贸易成交项目签约仪式在北京河南大厦举行。

10 月 11 日 河南省“10+1”快速通道项目暨滑县至大广高速快速通道项目通车仪式在滑县举行，此举标志着河南省“10+1”快速通道项目全部建成通车。

10 月 21 日 第九届中国郑州国际少林武术节在郑州开幕。

10 月 23 日 2012 中国 · 商丘国际华商节商祖故里拜谒大典在商丘市举行。

10 月 24 日 经国务院批准，林州红旗渠经济开发区升格为国家级经济技术开发区，定名为“红旗渠经济技术开发区”。

11 月 3 日 省委、省政府、省军区授予邓州“编外雷锋团”“学雷锋先进集体”荣誉称号命名暨事迹报告会在南阳邓州举行。

11 月 5 日 省政府与国家林业局合作共建河南农业大学签字仪式在北京举行。

11 月 17 日 国务院正式批复《中原经济区规划（2012—2020年）》，并同意规划建设郑州航空港经济综合实验区。

11 月 19 日 省委发出《中共河南省委关于认真学习宣传贯彻党的十八大精神的通知》。20 日，省委在郑州召开传达学习党的十八大精神全委扩大会议，并结合河南实际对认真学习宣传贯彻十八大精神进行安排部署。

11 月 22 日 中国建筑施工行业唯一一个企业国家重点实验室——盾构及掘进技术国家重点实验室在郑州顺利通过科技部验收，这也是河南首家企业国家重点实验室。

11 月 23 日 经教育部批准，郑州大学正式入选“中西部高校提升综合实力”学校，跨上“一省一校”、国家建设“有特色、高水平”大学的新平台。

11月29日 《中华人民共和国河南省与大韩民国仁川广域市缔结友好合作关系协议书》在郑州签署。

12月6日 2012年河南省承接京津冀地区产业转移对接活动——中原经济区建设投资说明会暨签约仪式在北京举行。

12月14日 “进一步加快推进郑汴一体化发展框架协议”签署仪式举行。

同日 省政府与中国医学科学院阜外心血管病医院在北京举行共建合作框架协议签字仪式，双方将共建阜外华中心血管病医院。

12月18日 省委召开常委（扩大）会议，深入学习贯彻中央政治局关于改进工作作风、密切联系群众的八项规定。

12月19日 海关总署在郑州召开国家跨境贸易电子商务服务试点工作启动部署会，全面启动该试点工作。

12月25日 省委九届五次全体（扩大）会议在郑州举行。会议深入学习贯彻党的十八大精神，审议通过《中共河南省委关于深入学习贯彻党的十八大精神，加快推进中原经济区建设的决议》，讨论审议《省委常委会2012年工作情况报告》。

12月26日 京广高铁北京至郑州段正式开通运营。

12月27日 省人力资源和社会保障厅召开新闻发布会宣布，经国家公务员局批准，河南省启动聘任制公务员试点工作，首批列入试点的有焦作、郑州、洛阳、平顶山4个省辖市。

2013年

1月4日 郑州歌舞剧院创作的大型舞剧《水月洛神》获2011—2012年度国家舞台艺术精品工程奖。

1月29日 “厉行节约，拒绝‘剩宴’，争做‘光盘’族”餐饮公益活动启动仪式在郑州市举行。

2月18日 河南豫剧院二团赴美国进行文化交流活动，大型新编古装豫剧《程婴救孤》登上美国纽约百老汇舞台。这是中国地方戏首次登上百老汇舞台。

2月28日 孟津县会盟镇台荫村农民陆利峰拿到“洛阳河之南家庭农场”的个人独资企业营业执照。这是河南省首个经工商部门注册登记成立的家庭农场。

3月7日 国务院正式批复《郑州航空港经济综合实验区发展规划（2013—2025年）》。这是全国首个上升为国家战略的航空港经济发展先行区。

3月20日 省委召开全省领导干部会议，传达中央关于河南省委、省政府主要领导同志职务调整的决定：卢展工同志不再兼任河南省委书记、常委、委员职务，郭庚茂同志任河南省委书记；谢伏瞻同志任河南省委委员、常委、副书记。

3月24日至26日 以“发展现代农业、打造开放式农技推广平台”为主题的2013中国（中部）现代农业科技展览会在郑州举行。

3月29日 哈密南—郑州 ±800千伏特高压直流输电工程中重要的一环——输电线路成功跨越黄河。这是国内首次特高压直流工程跨越黄河施工。

4月1日至2日 省十二届人大二次会议在郑州举行。会议选举郭庚茂为河南省第十二届人民代表大会常务委员会主任，选举谢伏瞻为河南省人民政府省长。

4月10日至11日 2013郑州科技成果交易暨高科技人才交流会在郑州召开。

4月16日 第31届中国洛阳牡丹文化节对外经济技术合作项目签约仪式举行，103个项目集中签约，投资总额1168亿元。

5月6日 省政府与中国建设银行在郑州签署支持中原经济区建设战略合作协议。

5月10日 “2013中国电池及电动汽车产业发展高峰论坛”开幕，新乡市被授予我国第一块“中国电池工业之都”招牌。

5月13日 位于郑州宇通客车股份有限公司十八里河厂区的4台10吨燃煤锅炉主体被拆除，标志着郑州市“蓝天”工程打响第一枪。

5月18日 第八届中博会举行河南省合作项目签约仪式，共有435个项目参加签约，投资总额达4 469亿元人民币。

同日 省政府在郑州国际会展中心举行郑州航空港经济综合实验区推介暨电子信息产业集群发展合作交流洽谈会。

6月4日 郑州、濮阳两地同时发放加载金融功能的居民健康卡共2.5万张，其中郑州市发放1.3万张、濮阳市1.2万张。河南省居民健康卡建设在全国率先进入“批量发卡”阶段。

6 月 26 日 省政府召开全省深入实施全民技能振兴工程和促进更高质量就业电视电话会议。

7 月 5 日 省委召开党的群众路线教育实践活动工作会议，对全省教育实践活动进行安排部署。

7 月 6 日 豫企联盟中小微企业援助中心在郑州正式成立。这是河南省首个中小微企业援助中心。

8 月 2 日 郑欧国际铁路货运班列首发车顺利抵达目的地——德国汉堡市比尔沃德货运中转站，德国铁路集团在铁路终点举行了接车仪式。

8 月 27 日 河南省政府与国家食品药品监督管理总局在郑州签署共建食品药品安全保障体系合作协议。

8 月 28 日至 29 日 第八届豫商大会在安阳会展中心举行，本次大会共签订合同项目 24 个，投资总额 611.2 亿元。

8 月 29 日 省委举行全省领导干部会议暨党的群众路线教育实践活动报告会。

9 月 6 日 2013 年中国农产品加工业投资贸易洽谈会开幕式在驻马店市举行。

9 月 11 日 我国的第一个省级气象科普规划《河南省气象科普发展规划（2013—2020 年）》出台实施。

9 月 12 日 省政府与中国东方航空集团公司签署进一步推进河南航空运输发展战略合作（框架）协议。

10 月 25 日 省科技创新驱动发展座谈会在郑州举行。

10 月 26 日 中兴通讯股份有限公司与洛阳市人民政府签署战略合作协议，中兴通讯智慧产业基地项目正式落户洛阳。

11 月 2 日至 6 日 省委书记、省人大常委会主任郭庚茂率领河南省考察团到深圳、上海学习考察。

11月14日 省委召开常委（扩大）会议，传达学习贯彻党的十八届三中全会精神，研究部署全省学习贯彻落实全会精神的有关工作。

11月27日 全省深化省直管县体制改革工作电视电话会议召开。会议深入贯彻落实党的十八届三中全会精神和省委常委会议精神，安排部署深化省直管县体制改革工作，推进试点县（市）全面实行由省直接管理的体制。

12月8日 省政府与中国科学技术协会在郑州签署《落实全民科学素质行动计划纲要共建协议》。

12月13日 由中国中铁装备公司自主研发制造的世界最大矩形盾构在郑州下线，标志着中国在矩形盾构技术领域处于国际领先地位。

12月20日 《河南省人民政府与北京京东世纪贸易有限公司战略合作协议》签字仪式在郑州举行。

12月25日 郑州、洛阳两地4G网络开通，河南迈入4G时代。

12月26日 省委、省政府与国家民航局在北京举行会商座谈，双方就共同落实国务院批复的《郑州航空港经济综合实验区发展规划》、加快郑州航空港经济综合实验区建设、促进河南民航事业发展等有关问题进行了深入交流。

12月27日 省委、省政府与国家开发银行在北京举行高层联席会议并签署《全面推进新型城镇化建设合作备忘录》，继续加强、深化双方战略合作。

同日 北京市河南省经济社会发展和南水北调对口协作座谈会在北京举行，双方共商加强对口协作和区域合作，发挥两地优势、实现互利共赢之策。

12 月 28 日 首条贯穿城市东西的郑州地铁一号线一期工程正式开通试运营。郑州是全国第 18 个开通地铁的城市。

2014年

1月21日 全省宣传部部长会议在郑州召开。会议指出，2014年全省宣传思想工作面对新形势新要求，必须深化务实宣传工作理念，围绕建设文明河南和提升河南形象两大目标，在构建大宣传格局上实现突破，通过加强正面宣传、强化联动宣传、强化舆论引导，营造改革发展的良好舆论环境。

1月26日 全省党的群众路线教育实践活动第一批总结暨第二批部署会议在郑州召开。

2月1日 河南首次发布关于鸟类禁猎期的通告，从2月1日起至2019年1月31日，在全省境内对所有野生鸟类实行禁猎。

2月11日 省委全面深化改革领导小组第一次会议召开。会议审议通过了《中共河南省委全面深化改革领导小组工作规则》《中共河南省委全面深化改革领导小组专项小组工作规则》《中共河南省委全面深化改革领导小组办公室工作细则》。

2月28日 全省第二批党的群众路线教育实践活动进展情况汇报会在郑州召开。

3月17日至18日 中共中央总书记、国家主席、中央军委主席习近平深入他在第二批党的群众路线教育实践活动中的联系点兰考县，调研指导当地党的群众路线教育实践活动。在豫期间，习近平考察了焦裕禄同志纪念馆、兰考县为民服务中心、东坝头乡张庄村、黄河兰考东坝头段，专门听取兰考县教育实践活动情况汇报，并与在焦裕禄干部学院学习的兰考县部分乡村干部学员进行了座谈。

3 月 24 日 全省党员领导干部会议召开。会议深入学习贯彻落实习近平总书记在调研指导兰考县教育实践活动时的重要讲话精神，对开展好教育实践活动再动员再部署，推动活动健康开展、取得实效，切实做好改革发展稳定各项工作。

3 月 29 日至 30 日 省委九届七次全体（扩大）会议在郑州举行。全会深入学习贯彻党的十八届三中全会精神和习近平总书记关于全面深化改革的重要讲话精神，审议通过了《中共河南省委关于贯彻党的十八届三中全会精神全面深化改革的实施意见》，讨论了《河南省全面深化改革第一批重点改革事项》《关于贯彻〈中央有关部门贯彻落实党的十八届三中全会决定重要举措分工方案〉的责任分工意见》，对河南实施全面深化改革工作作出部署，动员全省上下进一步统一思想，坚决主动有序推进改革，加快中原崛起河南振兴富民强省。

4 月 30 日 全国首家环卫工人医疗救助基金在孟州设立。

5 月 6 日 河南省 4G 全面商用。

5 月 9 日至 10 日 中共中央总书记、国家主席、中央军委主席习近平到河南考察指导工作。在豫期间，习近平到焦裕禄干部学院，参加并指导兰考县委常委班子专题民主生活会；到尉氏县张市镇召开镇村干部和村民代表座谈会，并到当地高标准粮田综合开发示范区进行考察；考察了郑州市跨境贸易电子商务服务试点项目、郑州国际陆港、中铁工程装备集团有限公司；听取了河南省委、省政府工作汇报。习近平对河南近年来的工作给予肯定，并着重就着力推动经济持续健康发展、着力做好农业农村农民“三农”工作、着力保障和改善民生、着力建设德才兼备的高素质执政骨干队伍提出要求。

5 月 16 日　省委召开全省领导干部会议，强调深入学习贯彻习近平总书记在河南考察指导时的重要讲话精神、中央党的群众路线教育实践活动视频会议精神，以习近平总书记考察指导河南工作为动力、为契机，动员全省广大党员干部群众进一步统一思想、振奋精神，把教育实践活动做得更加扎实，把改革发展稳定和党的建设各项工作做得更有成效。

同日　京广线郑州黄河大桥“退役”，黄河上的首座四线铁路大桥启用。

6 月 16 日　全省第二批党的群众路线教育实践活动专题民主生活会工作推进会在郑州召开。

6 月 25 日　省政府与科学技术部在郑州举行 2014 部省工作会商。

6 月 26 日　郑州三环快速公交 B3 试运营，标志着郑州在全国首建环线 BRT 后，又成为第一个建成双环线 BRT 的城市。

7 月 2 日　国务院第七督查组在郑州召开反馈会。

7 月 6 日　《河南社会治理发展报告（2014）》发布会在郑州大学举行。这是河南省第一部社会治理方面的系统研究报告。

8 月 5 日　全省文化体制改革工作会议在郑州举行。会上公布了河南省重点文化产业园区和河南省重点文化企业并进行授牌。

8 月 7 日　省惩治和预防腐败体系建设工作领导小组会议在郑州召开。会议研究审议了《〈河南省建立健全惩治和预防腐败体系

2013—2017 年实施办法〉分工方案》。

8 月 21 日 加快省直管县（市）发展观摩交流会议在济源召开，总结省直管县（市）体制改革的工作经验，交流观摩学习体会，安排部署下一步工作。

8 月 22 日 全省招商引资暨房地产专项工作推进会召开，通报全省招商引资、房地产市场运行和保障性安居工程建设情况，对下一步工作进行安排部署。

8 月 25 日 全省推进县级公立医院综合改革工作会议召开。会议就贯彻落实全国推进县级公立医院综合改革电视电话会议和《河南省人民政府关于推进县级公立医院综合改革的实施意见（试行）》精神作出安排部署。

8 月 27 日 中共中央总书记、国家主席、中央军委主席习近平在中南海听取兰考县委和河南省委党的群众路线教育实践活动情况汇报，并发表重要讲话。

8 月 29 日 省委书记郭庚茂主持召开省委常委（扩大）会议，传达学习习近平总书记在听取兰考县委和河南省委党的群众路线教育实践活动情况汇报时的重要讲话精神。

9 月 3 日 河南省首家史前文化博物馆——中观博古史前文化博物馆在漯河开馆。

9 月 16 日至 18 日 省委、省政府召开全省产业集聚区观摩现场会，交流各地培育产业集群的经验做法，通过典型示范，学习借鉴，提升产业集聚区发展水平，进一步抓好当前经济工作，保持经济持续稳定增长。

9 月 28 日 省委全面深化改革领导小组第三次会议在郑州召开。会议传达了中央全面深化改革领导小组第四次会议精神，审议通过了《关于深化户籍制度改革的实施意见》和《关于进一步深化国有企业改革的意见》，建议根据会议讨论情况进一步修改完善后按程序报批实施。

9 月 30 日 全省新农合大病保险服务协议签约仪式在郑州举行。10 月 1 日起，全面启动新农合大病保险工作。

10 月 13 日 全省党的群众路线教育实践活动总结会议召开。

10 月 31 日 2014 中国（郑州）产业转移系列对接活动正式拉开大幕。

11 月 4 日 省政府出台《关于深化户籍制度改革的实施意见》，取消农业户口与非农业户口性质区分，统一登记为居民户口，全面实施居住证制度。

11 月 5 日 省委全面深化改革领导小组第四次会议召开。会议审议了《河南省深化财税体制改革实施方案》，审议并原则通过了《关于推广运用政府和社会资本合作模式的指导意见》《关于推进政府向社会力量购买服务的实施意见》《关于促进市场公平竞争维护市场正常秩序的实施意见》，建议根据会议讨论情况进一步修改完善后按程序报批实施。

11 月 15 日 2014 中国（郑州）世界旅游城市市长论坛开幕式暨联合国世界旅游组织旅游可持续发展河南观测站揭牌仪式在郑州举行。

11 月 21 日 省环保厅在全省 18 个省辖（管）市设立 19 个省直接管理的空气自动监测站，以加强对省辖市城市空气自动监测数据的质量控制。

11 月 24 日 河南省城乡一体化示范区建设座谈会在郑州召开。

11 月 28 日 丝绸之路经济带中欧物流枢纽建设国际交流会在郑州举行。主旨会议后举办了中欧物流枢纽建设论坛，宣读了《合作共建丝绸之路经济带物流枢纽（郑州）宣言》。

11 月 29 日 中共中央办公厅、国务院办公厅联合督查组就河南省贯彻落实党中央、国务院重大决策部署情况来豫开展督查工作。

12 月 4 日 省政府与国务院南水北调办公室在郑州举行商谈会，就南水北调中线工程通水用水、运行管理、后续配套工程建设等问题进行商谈。

12 月 12 日 省委召开全省党员领导干部会议，传达学习中央经济工作会议精神。

12 月 15 日 河南省南水北调工程通水仪式在郑州市刘湾水厂举行。

12 月 22 日至 25 日 省委九届八次全体（扩大）会议在郑州举行。全会听取和讨论了省委书记郭庚茂受省委常委会委托作的工作报告，审议并原则通过了《中国共产党河南省第九届委员会第八次全体会议关于〈河南省全面建成小康社会加快现代化建设战略纲要〉的决议》。

12 月 24 日至 25 日 省委经济工作会议在郑州召开。会议传达贯彻中央经济工作会议精神，总结河南当年经济工作，分析经济形势，安排部署 2015 年经济工作。

12 月 25 日 省黄河滩区居民迁建试点工作动员大会召开。

12 月 26 日 省委在郑州召开教育实践活动督导工作总结暨工作表彰会议，贯彻中央精神和省委部署要求，对教育实践活动的组织工作和督导工作进行回顾总结，对深化“四风”整治、巩固拓展教育实践活动成果进行部署。

同日 河南首家省级法人银行——中原银行在郑州正式成立。

12 月 28 日 郑开城际铁路正式开通。

2015年

1 月 12 日　全省组织部部长会议在郑州召开，强调组织工作要用新理念融入新常态、用高标准实现高质量、用严措施落实严要求、用硬作风打硬仗，为河南全面建成小康社会加快现代化建设提供坚强组织保证。

1 月 13 日　郑州航空港经济综合实验区与中国民生投资股份有限公司在郑州签署战略合作框架协议。

1 月 14 日　省委全面深化改革领导小组第五次会议在郑州召开。会议审议并原则通过了《省委全面深化改革领导小组近期工作重点》《重点改革事项审议规程（试行）》《郑州航空港经济综合实验区建设体制机制创新示范区总体方案》等，建议根据会议讨论情况进一步修改完善后按程序报批实施。

1 月 15 日至 16 日　省军区党委第十二届第二次全体（扩大）会议在郑州召开。会议审议通过省军区第十一届党委工作报告和党的纪律检查委员会工作报告。省军区党委第十二届一次全会选举郭庚茂为省军区党委第一书记。

1 月 22 日　河南民航发展投资有限公司与卢森堡国际货运航空公司在郑州签署合作备忘录。

1 月 22 日至 23 日　省纪委九届五次全会在郑州召开。

2月9日 省委召开常委会会议，传达学习省部级主要领导干部学习贯彻十八届四中全会精神全面推进依法治国专题研讨班精神，研究河南贯彻落实意见。

3月2日 省委、省政府与中国民航局在北京举行会商座谈，双方就共同推进郑州航空港经济综合实验区建设进行了深入交流。

3月17日 省长谢伏瞻主持召开省政府常务会议，原则通过《河南省贫困县经济社会发展目标暨扶贫开发考核评价工作办法（试行）》和《关于开展农村土地承包经营权确权登记颁证工作的实施意见》。

3月23日 省政府与腾讯公司在郑州签署战略合作框架协议。

同日 中国洛玻集团龙海电子玻璃有限公司生产的首批厚度0.25毫米浮法玻璃下线，打破0.33毫米国内最薄玻璃纪录。0.25毫米的厚度，是工业化生产浮法玻璃的“世界之最”。

3月23日至24日 省委九届九次全体（扩大）会议在郑州举行。全会审议并原则通过了《中共河南省委关于贯彻党的十八届四中全会精神全面推进依法治省的实施意见》（以下简称《实施意见》），听取了省委副书记邓凯受省委常委会委托就《实施意见》（讨论稿）向全会作的说明；讨论了《河南省有关部门落实党的十八届四中全会〈决定〉重要举措责任分工方案》《河南省全面推进依法治省2015年重点事项》；审议通过了《中国共产党河南省第九届委员会第九次全体会议决议》。

3月26日 省法学会第七次会员代表大会在郑州召开。会议选举产生第七届理事会和常务理事会，刘满仓当选为省法学会会长。

3月27日至28日 中共中央政治局常委、中央纪委书记王岐山到河南调研。

3 月 29 日 省政府与中国医学科学院阜外心血管病医院、国家心血管病中心合作共建协议在郑州签署。

3 月 31 日 2015 年全省重点项目暨产业集聚区建设观摩点评活动启动。

4 月 3 日 省委、省政府召开全省产业集聚区建设工作会议，总结产业集聚区等科学发展载体建设情况，交流经验，表彰先进，分析当前全省经济运行态势，对下一步重点工作进行安排部署。

4 月 22 日 第九届中国（河南）国际投资贸易洽谈会暨第三届（2015）世界新兴产业大会在郑州国际会展中心轩辕堂开幕。

4 月 22 日至 23 日 中共中央政治局常委、国务院副总理、国务院南水北调工程建设委员会主任张高丽到河南调研南水北调工程建设管理有关工作，传达学习习近平总书记和李克强总理关于南水北调建设管理的重要指示批示精神，听取南水北调工程工作情况汇报，研究部署下一阶段工作。

4 月 27 日 省委召开常委（扩大）会议，传达学习习近平总书记、李克强总理关于南水北调工程建设管理的重要指示批示精神和张高丽副总理在河南调研南水北调工程建设管理工作时的重要讲话精神，研究部署河南贯彻落实意见。

5 月 12 日 全省基层四项基础制度建设座谈会召开。会议贯彻落实“四个全面”战略布局，交流基层四项基础制度建设推进落实情况，总结经验、分析问题，相互借鉴、取长补短，对此项工作进行再动员再部署。

5 月 13 日 省重点项目建设领导小组扩大会议在郑州召开，对 2015 年重点项目建设工作进行了安排部署。

5月14日 省长谢伏瞻在郑州主持召开省政府常务会议，研究发展众创空间推进大众创新创业等工作。会议原则通过了《河南省人民政府关于发展众创空间推进大众创新创业的实施意见》。

同日 全省“三严三实”专题教育党课暨动员部署会举行。省委书记、省人大常委会主任郭庚茂以“自觉践行‘三严三实’、做焦裕禄式好干部”为题，为全省县处级以上领导干部讲专题党课，以这种特殊的形式纪念焦裕禄同志，并对全省“三严三实”专题教育进行动员部署。

同日 河南省首批享受省政府特殊津贴的人员名单发布。

6月5日 省委常委（扩大）会议召开，传达学习贯彻习近平总书记在中央政治局第二十三次集体学习时的重要讲话精神和对鲁山特大火灾事故的重要批示精神，研究讨论了《在全省“三严三实”专题教育中开展“三查”活动工作方案》。

6月10日至11日 省委中心组以“严以修身，加强党性修养，坚定理想信念，把牢思想和行动的‘总开关’”为主题，进行“三严三实”专题教育第一次学习研讨。

6月25日 中共中央政治局委员、上海市委书记韩正，上海市委副书记、市长杨雄在上海会见了由河南省委副书记、省长谢伏瞻率领的河南省政府代表团一行。会见结束后，上海市人民政府与河南省人民政府签署了豫沪战略合作框架协议。

6月26日 以“新常态、新战略、新合作、新发展”为主题的豫沪产业转移合作推介会暨集中签约仪式在上海浦东嘉里中心举行。

6月29日至30日 省委九届十次全体（扩大）会议在郑州举行。全会审议并原则通过了《中共河南省委关于推进全面从严治党的若干意见》（以下简称《若干意见》），听取了省委副书记邓凯受省委常委会委托就《若干意见（讨论稿）》向全会作的说明；审议通过了《中国共产党河南省第九届委员会第十次全体会议决议》。

7 月 2 日 全省首张企业电子营业执照在郑州航空港经济综合实验区颁出，河南省电子营业执照试点工作启动。

7 月 27 日 省长谢伏瞻主持召开省政府常务会议。会议原则通过了省文化创意和设计服务与相关产业融合发展规划（2015—2020 年），原则通过了《关于加强环境监管执法工作的意见》。

7 月 28 日至 29 日 中央国家机关爱国主义教育基地命名授牌仪式在兰考县、林州市举行，焦裕禄纪念园、红旗渠纪念馆成为中央国家机关爱国主义教育基地。

8 月 2 日 郑州市首条定制公交线路开通运营。

8 月 5 日 河南・新疆对口支援工作座谈会在乌鲁木齐举行。

8 月 11 日 全省选派机关优秀干部到村任第一书记工作会议在郑州召开。

8 月 18 日 省委召开常委会会议，传达学习中组部召开的省区市和部分部门单位“三严三实”专题教育工作座谈会精神，研究贯彻落实的意见。

8 月 21 日至 22 日 省委组织部、省委农办、省扶贫办在郑州举办省派第一书记培训班，对 221 名即将驻村任职第一书记的机关优秀干部进行任前培训。

8 月 25 日 省委召开全省重点工作推进落实市县座谈会，总结工作、分析形势，督促指导、鼓劲加油，就进一步抓好稳增长保态势、安全稳定和党的建设等重点工作进行安排部署。

8 月 26 日至 27 日 省委中心组围绕“严以律己，严守党的政治纪律和政治规矩，自觉做政治上的‘明白人’”主题，进行“三严三实”专题教育第二次学习研讨。

8月27日 “畅行中原”服务平台上线。这是全国首家集交通出行信息查询与发布、交通运输执法查询与处理、汽车票查询与购买等功能于一体的“微信+交通运输综合服务”项目，也是全省性的“互联网+便捷交通”政府官方微信服务平台。

9月1日 省政府与教育部在北京举行2015年度省部联席会议，总结省部战略合作协议实施情况，并就持续深化省部合作、进一步推进河南教育改革发展进行会商。

9月6日 省委在郑州召开河南省纪念中国人民抗日战争暨世界反法西斯战争胜利70周年座谈会。

9月7日 省委全面深化改革领导小组第八次会议召开。会议传达学习了中央全面深化改革领导小组第十五次会议精神，审议并原则通过了《省委全面深化改革领导小组督办的重点改革任务》等多个方案、任务，建议根据会议讨论情况进一步修改完善后按程序报批实施。

9月15日 柘城县人民医院护理部主任宋静获第45届南丁格尔奖，她是中国历届“南丁格尔奖”获得者中唯一来自县级医院的护士。

9月15日至16日 河南省扶贫攻坚暨黄河滩区居民迁建试点观摩推进会在濮阳市举行。

9月22日 全省已建成9个Ⅰ类避险避难场所，总计可用面积142.37万平方米，可安置19.04万人。

9月23日至25日 中共中央政治局常委、国务院总理李克强深入河南洛阳、许昌、郑州考察。28日，省委召开常委（扩大）会议，传达学习李克强总理考察河南工作时的重要讲话和指示精神，讨论研究河南省贯彻落实意见。

9 月 25 日 省政府与工业和信息化部在郑州签署《加快推进河南先进制造业大省建设战略合作协议》，旨在贯彻落实《中国制造 2025》，进一步巩固和深化省部合作。

10 月 8 日 省政府印发《养老健康产业发展示范园区（基地）规划建设推进计划》。

10 月 16 日 省政府下达 2015 年度全省 18 个省辖（管）市和 10 个直管县（市）的环境空气质量改善工作目标。

10 月 17 日 全省教育扶贫全覆盖行动启动。

10 月 21 日 省政府出台《河南省“互联网 +”行动实施方案》。

10 月 23 日 省委全面深化改革领导小组第九次会议召开。会议听取省委改革办《关于三季度全面深化改革工作的汇报》《关于河南公车改革有关情况的汇报》，审议并原则通过《关于农村产权制度改革试点工作的指导意见》《关于引导农村土地经营权有序流转发展农业适度规模经营的实施意见》，建议根据会议讨论情况进一步修改完善后按程序报批实施。

11 月 5 日 省委召开全省领导干部会议，对全省学习贯彻党的十八届五中全会精神作出全面安排部署。

11 月 6 日 省政府分别与中国移动通信集团公司、中国联合网络通信集团有限公司、中国电信集团公司、中国铁塔股份有限公司签订战略合作协议，旨在加快实施“宽带中原”战略，建设网络强省。

11 月 10 日 省委选派第一书记工作领导小组会议在郑州召开。

11 月 13 日 省委召开“十三五”规划建议研究起草工作市县座谈会。

11 月 20 日 郑州市市区城市集中供水价格改革新闻通气会召开，公布郑州市区集中供水价格改革方案。

12 月 1 日 《河南省小微企业信用担保代偿补偿资金管理办法(试行)》印发。

12 月 9 日至 10 日 省委常委班子召开“三严三实”专题民主生活会，坚持习近平总书记在党的群众路线教育实践活动中指导兰考县委常委班子民主生活会的标准，认真开展批评和自我批评。

12 月 14 日至 15 日 上合组织成员国总理会议在郑州举行。

12 月 24 日 郑州至合肥铁路河南段工程正式开工建设。

12 月 26 日至 27 日 省委九届十一次全会在郑州举行。全会听取和讨论了郭庚茂受省委常委会委托作的工作报告，审议并原则通过《中共河南省委关于制定河南省国民经济和社会发展第十三个五年规划的建议》，审议通过《中国共产党河南省第九届委员会第十一次全体会议决议》。

12 月 28 日 《河南企业社会责任报告》发布会在郑州举行。这是河南省第一次较为全面、系统编制发布的企业社会责任报告。

同日 河南联通完成“全光网河南”建设，实现光纤网络全省覆盖。

12 月 28 日至 29 日 省委扶贫开发工作会议在郑州召开。会议强调统一思想认识、把握目标任务、明确思路举措，动员全省各方面力量，齐心协力打赢脱贫攻坚战。

12 月 31 日 省政府党组召开“三严三实”专题民主生活会。

2016年

1月6日 省人民医院胸外科专家成功为一名尘肺病患者实施全省首例异体肺移植手术，结束了河南不能开展异体肺移植手术的历史。

1月13日 省委召开常委（扩大）会议暨现职省级党员领导干部会议，传达学习习近平总书记在中央政治局“三严三实”专题民主生活会上的重要讲话和《中共中央关于中央政治局“三严三实”专题民主生活会情况的通报》精神，研究全省学习贯彻意见。

2月24日 省委全面深化改革领导小组第十一次会议召开。会议传达学习了中央全面深化改革领导小组第二十一次会议精神，审议并原则通过了《省委全面深化改革领导小组2016年工作要点》《河南省关于全面深化公安改革的实施意见》等，建议根据会议讨论情况进一步修改完善后按程序报批实施。

3月17日 省委召开常委（扩大）会议，传达学习十二届全国人大四次会议、全国政协十二届四次会议精神和中央领导同志参加河南代表团审议时的讲话精神，对抓好学习贯彻、做好全省工作进行安排部署。

3月19日 国家区域协同医疗示范工程——中国医学科学院阜外医院、中牟县第二人民医院心血管病远程会诊中心启动并揭牌。这是河南省建设的首个国家级心血管病远程会诊中心。

3月23日 省政府以电视电话会议形式召开全省工业大会，深入贯彻落实中央精神和省委部署，总结2015年和“十二五”全省工业发展工作，全面部署实施《中国制造2025河南行动纲要》。

3月25日 河南省罕见病防治中心成立。

3月26日 省委召开全省领导干部会议。中央组织部副部长姜信治出席会议并宣布中央决定：谢伏瞻同志任河南省委书记，郭庚茂同志不再担任河南省委书记、常委、委员职务；陈润儿同志任河南省委委员、常委、副书记。

4月6日至7日 省十二届人大六次会议在郑州举行。会议选举谢伏瞻为河南省第十二届人民代表大会常务委员会主任、选举陈润儿为河南省人民政府省长。谢伏瞻、陈润儿依次进行宪法宣誓并分别发表了讲话。

4月13日 全省“两学一做”学习教育工作会议在郑州召开。

5月13日 国务院办公厅下发《关于建设大众创业万众创新示范基地的实施意见》，郑州航空港经济综合实验区、中信重工机械股份有限公司入选国家首批双创示范基地。

5月19日 全国首个小麦博物馆在温县揭牌开馆。

5月22日至24日 中共中央政治局常委、全国政协主席俞正声到河南就民族宗教工作进行调研。

5月26日 全省脱贫攻坚第一次推进会议在郑州召开，分析河南当前扶贫工作形势，研究讨论有关政策措施，对进一步做好全省脱贫攻坚工作进行再动员、再加压、再部署。

5月30日 28个全国首批基本实现主要农作物生产全程机械化示范市（县、区）名单公布，济源是河南省唯一入列的城市。

6 月 7 日 河南省 12328 交通运输服务监督电话中心成立。

6 月 28 日 全省 30 家企业在郑州共同发起成立河南跨境电子商务产业联盟。

7 月 8 日 河南省首家民办青铜器博物馆——洛阳钟鼎青铜艺术博物馆开馆。

7 月 11 日 省委全面深化改革领导小组第十四次会议在郑州召开。会议传达学习了中央全面深化改革领导小组第二十五次会议精神，听取了司法和社会体制改革进展情况的汇报，审议并原则通过了《省委全面深化改革领导小组 2016 年下半年重点改革任务》《河南省法院司法体制改革试点方案》及配套方案等。

8 月 10 日 河南参与建设"一带一路"工作领导小组成立，省委副书记、省长陈润儿任组长。

8 月 11 日 省委常委会召开会议，讨论并原则通过了《河南省推进供给侧结构性改革总体方案（2016—2018 年）》和去产能专项行动方案、促进产业转型升级专项行动方案。

8 月 14 日 省委九届十二次全会在郑州召开。全会审议通过了《中国共产党河南省第九届委员会第十二次全体会议关于召开中国共产党河南省第十次代表大会的决议》，回顾总结 2016 年以来的工作，研究部署下一步工作。

8 月 17 日 省长陈润儿主持召开省政府常务会议，原则通过了《河南省法治政府建设实施方案（2016—2020 年）》《关于促进融资担保行业健康发展的实施意见》。

8 月 31 日 全省"两学一做"学习教育工作推进会在郑州召开。

同日 全省重点项目建设推进工作会议在郑州召开。

9 月 8 日 郑洛新国家自主创新示范区建设第一次协调推进会

议在郑州召开。

同日 河南省首个千兆光纤宽带示范小区授牌暨中国电信河南公司千兆光纤宽带产品发布会在洛阳举行。

9 月 14 日 郑州市政府向社会公布《关于促进房地产市场持续平稳健康发展的通知》。

10 月 8 日 国家发改委、工业和信息化部、中央网信办发函批复，同意河南省建设国家大数据综合试验区。

10 月 11 日 中央第十一巡视组向河南省委反馈巡视“回头看”情况。

10 月 12 日 省政府常务会议召开，研究讨论推进农业、制造业、服务业三个供给侧结构性改革专项行动方案。会议原则通过了《河南省推进农业供给侧结构性改革专项行动方案（2016—2018年)》等方案。

10 月 17 日 河南省扶贫基金会成立大会暨 2016 年爱心包裹捐赠仪式举行。

10 月 28 日 省委常委会召开扩大会议暨省级党员领导干部会议，传达学习党的十八届六中全会精神，对全省学习贯彻作出安排。

10 月 31 日至 11 月 4 日 中国共产党河南省第十次代表大会在省人民会堂召开。谢伏瞻同志代表中国共产党河南省第九届委员会，向大会作了《深入贯彻党中央治国理政新理念新思想新战略，为决胜全面小康让中原更加出彩而努力奋斗》的报告。大会通过了《中国共产党河南省第十次代表大会关于中共河南省第九届委员会报告的决议》《中国共产党河南省第十次代表大会关于中共河南省纪律检查委员会工作报告的决议》。大会选举产生了中国共产党河南省第十届委员会、中共河南省第十届纪律检查委员会。11 月 4 日，中国共产党河南省第十届委员会在郑州举行第一次全体会议，选举谢伏瞻为中国共产党河南省第十届委员会书记。同日，中共河南省第十届纪律检查委员会举行第一次全体会议，任正晓当选为中国共产党河南省第十届纪律检查委员会书记。

11月10日 省委全面深化改革领导小组第十五次会议召开。会议审议并原则通过了《河南省环境保护督察方案（试行）》《关于深入推进城市执法体制改革改进城市管理工作的意见》《关于全面推进政务公开工作的实施意见》等意见。

11月14日 省委巡视整改领导小组专题汇报会议召开。

11月15日 中央第五环境保护督察组督察河南情况反馈会在郑州召开。

11月18日 省深化国企改革领导小组第三次会议召开。会上印发了《关于剥离省属企业办社会职能工作的若干意见》。

11月24日 全省国有企业党的建设工作会议在郑州召开。

12月1日 河南移动、河南联通、河南电信的电话用户实名率均达100%。河南省从9月15日开始落实电话用户真实身份信息登记工作，11月30日24时对全部未实名登记电话用户进行了关停。

12月6日 河南省实施社会组织“三证合一”统一代码制度。全省共有社会组织近3万家，其中全省性社会组织2 300多家。

12月14日 《河南省居住证实施办法》全面推行。

12月26日 省委十届二次全会在郑州召开。全会审议通过了《中共河南省委关于深入贯彻党的十八届六中全会精神推进全面从严治党向纵深发展的决定》和《中国共产党河南省第十届委员会第二次全体会议决议》。

同日 经国务院批复同意，国家发改委正式下发了《促进中部地区崛起“十三五”规划》，适应新形势新任务新要求，科学确定新时期中部地区在全国发展大局中的战略定位，明确提出发展壮大中原城市群，支持郑州建设国家中心城市。

同日 河南省全年空气质量优良天数达到 195 天，完成《河南省 2016 年度蓝天工程实施方案》中优良天数达 190 天以上的目标要求。

12 月 28 日 国务院正式批复《中原城市群发展规划》，明确提出中原城市群要打造中国经济发展新增长极。

2017年

1月1日　全省实施统一的城乡居民基本医疗保险制度。

1月7日　全省大气污染防治攻坚战总结表彰暨环境治理攻坚战动员部署会议召开。会议指出，2017年在继续打好大气污染防治攻坚战的同时，打响水污染防治攻坚战。

1月11日　全省脱贫攻坚第二次推进会议在郑州召开。会议贯彻落实中央农村工作会议、全国扶贫开发工作会议精神和省第十次党代会、省委十届二次全会、省委经济工作会议精神，回顾总结2016年脱贫攻坚工作，安排部署2017年工作。

1月11日至12日　省委农村工作会议在郑州召开。会议指出，贯彻中央和省委决策部署，在新发展理念下做好"三农"工作，必须将"增加农民收入、保障有效供给"作为全年工作中心，突出"调整优化农业结构，提高质量效益""深化农村配套改革，增强发展活力"这两个重点，大力推进农业供给侧结构性改革。

1月12日　河南省环境污染防治攻坚战指挥部成立。

1月22日　国家发改委正式批复了河南省政府《关于恳请支持郑州建设国家中心城市的函》，并制定出台了《关于支持郑州建设国家中心城市的指导意见》。

2月3日　省委全面深化改革领导小组第十六次会议召开。会议审议并原则通过了《省委全面深化改革领导小组2017年工作要点》《河南省深化投融资体制改革实施方案》。

2月8日 省长陈润儿主持召开省政府常务会议。会议原则通过了《关于更好更快推进郑州航空港经济综合实验区建设的若干意见》《郑州航空港经济综合实验区“十三五”发展规划》《关于进一步推进农垦改革发展的实施意见》《河南省节约能源条例（修订草案)》。

2月17日 “中原文化大舞台”活动启动仪式在郑州举行。

同日 省委常委会召开会议，原则通过了《关于深化省属国有非工业企业改革的方案》《关于进一步改革和完善省管企业领导人员管理的若干意见》等。

同日 经国务院扶贫开发领导小组评估并经省政府批准，兰考县退出贫困县序列。这是河南贫困退出机制建立后首个脱贫摘帽的贫困县。

2月28日 省委常委会召开会议。会议原则通过了《中共河南省委履行全面从严治党主体责任清单》《关于深入推进人民防空改革发展的实施意见》《关于加快推进郑州航空港经济综合实验区建设的若干意见》，研究了省委巡视工作。

同日 省政府印发《关于支持大众创业万众创新基地建设的实施意见》。

3月1日 河南省全面推行企业简易注销。

同日 《河南省境外旅客购物离境退税政策实施方案》实施。

3月15日 国务院印发《中国（河南）自由贸易试验区总体方案》。

3月16日 省长陈润儿主持召开省政府常务会议，原则通过了《河南省建设中原城市群实施方案》《河南省全面推行河长制工作方案》。

同日 省委全面深化改革领导小组召开第十七次会议，审议并原则通过了《关于进一步推进农垦改革发展的实施意见》《关于加快推进失信被执行人信用监督、警示和惩戒机制建设的实施意见》。

3 月 21 日至 27 日 省长陈润儿出访新西兰、澳大利亚、泰国，陪同李克强总理出席在澳大利亚举办的第二届中澳省州负责人论坛并作主题发言。

3 月 29 日 第十一届中国（河南）国际投资贸易洽谈会在郑州开幕。本届投洽会共达成 319 个合作项目，总投资 3 558 亿元。

4 月 1 日 省委常委会召开会议，原则通过了《关于加快推进国家大数据综合试验区建设的若干意见》《关于深化人才发展体制机制改革加快人才强省建设的实施意见》《关于贯彻落实“大人才观”全链条推动人才发展的实施意见》。

同日 中国（河南）自由贸易试验区在郑州正式挂牌。

4 月 6 日 省政府印发《中国（河南）自由贸易试验区建设实施方案》。

同日 由省政府主办的郑洛新国家自主创新示范区开放合作北京推介会在北京举行。

4 月 7 日 省委书记、省人大常委会主任谢伏瞻主持召开省委常委会会议，传达习近平总书记关于追逃追赃工作的系列重要讲话精神和全国追逃追赃工作培训班精神，研究河南省贯彻落实意见；讨论并原则通过了《建设中原城市群实施方案》。

4 月 8 日 省委、省政府印发《关于加快推进郑州航空港经济综合实验区建设的若干意见》，从 9 个方面作出 45 项具体要求，着力推进郑州航空港经济综合实验区“十三五”时期更好更快发展。

同日 河南省人民政府印发《河南省推进国家大数据综合试验区建设实施方案》。

4月9日 全省转型发展攻坚推进会议在郑州召开。会议强调，转型发展的目标是“四化”（高端化、绿色化、智能化、融合化），重点是在观念、结构、体制、创新四方面着力攻坚，关键在于真干、注重实效。

4月12日 省委全面深化改革领导小组第十八次会议召开。会议审议并原则通过了《河南省全面推行河长制工作方案》《河南省省级空间规划试点工作实施方案》。

4月14日 省委常委会会议召开，传达《中共中央办公厅国务院办公厅关于2016年省级党委和政府扶贫开发工作成效考核情况的通报》《国务院扶贫开发领导小组对河南省扶贫开发工作成效考核情况的通报》和中央政治局委员、国务院副总理汪洋约谈时的讲话精神，研究河南省全面整改落实工作。

4月17日 由农业部、河南省人民政府主办的全国农产品加工业发展和农业品牌创建推进工作会在郑州召开。

4月18日 全省首家军民融合产业基地——河南省（新乡）军民融合产业基地在新乡挂牌。

4月19日 省委常委会会议召开。会议讨论并原则通过了河南省《关于推进“两学一做”学习教育常态化制度化的实施意见》《河南省2016年省级党委和政府扶贫开发工作成效考核有关问题整改方案》《关于改进作风狠抓落实进一步完善脱贫攻坚责任体系建设的意见》，听取了对各省辖市、省直管县（市）2016年度脱贫工作的考核情况。

4 月 21 日 全省脱贫攻坚第三次推进会议在郑州召开。会议对河南省 2016 年度脱贫工作成效、考核情况和当前河南省脱贫攻坚工作中存在的突出问题进行了通报，对下一步脱贫攻坚工作作了安排部署。

4 月 24 日 省委全面深化改革领导小组第十九次会议召开，审议并原则通过了《关于稳步推进农村集体产权制度改革的实施意见》。

5 月 8 日至 9 日 中共中央政治局常委、国务院总理李克强到开封、新乡、郑州考察。

5 月 10 日 省委、省政府印发《关于加快推进国家大数据综合试验区建设的若干意见》。

5 月 12 日 省委全面深化改革领导小组第二十次会议召开。会议传达了中央改革办《关于加大督察力度狠抓改革落实的通知》，研究了河南贯彻落实意见，听取了商事制度改革、减税降费情况汇报，审议并原则通过了《关于深化公安执法规范化建设的实施意见》《河南省科协系统深化改革实施方案》。

5 月 17 日 第十届中国中部投资贸易博览会主旨论坛暨开幕式在安徽合肥举行。同日，河南主办专场活动——中国（河南）自由贸易试验区推介会暨项目签约仪式举行。现场 92 个项目签约，合同利用省外、境外资金 463.9 亿元。

5 月 22 日 省政府与交通运输部在郑州签署《关于加快河南省交通运输发展合作协议》。

5 月 31 日 省委常委会召开会议，原则通过了《河南省黄河下游滩区居民迁建规划》《中共河南省委关于加强党内法规工作的意见》。

同日 省长陈润儿主持召开省政府常务会议，原则通过了《河南省黄河下游滩区居民迁建规划》《关于支持洛阳市加快中原城市群副中心城市建设的若干意见》。

6月1日 省委全面深化改革领导小组第二十一次会议在郑州召开。会议审议并原则通过了《河南省生态文明建设目标评价考核实施办法》等。

6月5日 省委、省政府印发《河南省建设中原城市群实施方案》。

6月6日 河南省深入推进驻豫部队全面停止有偿服务工作会议在郑州召开。

6月7日 省发改委下发《关于做好城市公立医院医疗服务价格改革工作有关问题的通知》，要求各级各类公立医院于9月底前全部取消药品加成，除中药饮片外的药品实行零差率销售。

6月23日 省委全面深化改革领导小组第二十二次会议召开。会议审议并原则通过了《河南省全面深化改革考核评价办法（试行）》《关于完善农村土地所有权承包权经营权分置办法的实施意见》等。

6月25日 《河南省城市环境空气质量生态补偿暂行办法》和《河南省水环境质量生态补偿暂行办法》印发。

6月27日 中共河南省代表会议在郑州召开。会议选举产生了69名出席中国共产党第十九次全国代表大会的代表。

7月5日 省长陈润儿主持召开省政府常务会议。会议原则通过了《关于推进城市公立医院综合改革的实施意见》《关于推进三十五证合一改革的实施意见》。

7月9日 全省脱贫攻坚第四次推进会议在郑州召开。会议学习贯彻习近平总书记在深度贫困地区脱贫攻坚座谈会上的讲话精神，通报河南省脱贫攻坚问题整改工作情况，总结成绩、分析问题，对进一步做好全省脱贫攻坚工作进行再动员、再部署。

7 月 10 日 省委全面深化改革领导小组第二十三次会议召开，会议审议并原则通过了《河南省推进领导干部能上能下实施细则（试行）》《关于清理规范重点支出同财政收支增幅或生产总值挂钩事项有关问题的通知》《关于做好新时期教育对外开放工作的实施意见》。

7 月 13 日 本年河南夏粮总产量为 710.8 亿斤，再创历史新高。

7 月 16 日 省政府印发《河南省"十三五"生态环境保护规划》。

7 月 17 日至 19 日 国务院扶贫开发领导小组巡查组到河南开展脱贫攻坚巡查。

7 月 18 日 省民政厅出台《关于进一步加强医疗救助与城乡居民基本医疗保险、大病保险、困难群众大病补充医疗保险有效衔接的通知》。

7 月 21 日 省委常委会召开会议，原则通过了《关于支持洛阳市加快中原城市群副中心城市建设的若干意见》。

同日 省政府出台《关于推进三十五证合一改革的实施意见》，以"减证"促"简政"。

7 月 25 日 省委全面深化改革领导小组第二十四次会议召开，审议并原则通过了《关于完善产权保护制度依法保护产权的实施意见》《关于改革社会组织管理制度促进社会组织健康有序发展的实施意见》《关于从事生产经营活动事业单位改革的实施意见》。

7 月 28 日 省委常委会召开扩大会议，学习习近平总书记在省部级主要领导干部“学习习近平总书记重要讲话精神，迎接党的十九大”专题研讨班开班式上重要讲话精神，研究河南省学习宣传贯彻意见。

同日 全球跨境电子商务大会在郑州举行。

7月31日 河南平安种业公司培育的玉米新品种“京品50”通过第三届国家农作物品种审定委员会审定。这是温县继“豫安3号”“豫安5号”后玉米育种取得的重大突破。

8月2日 省全面依法治省工作领导小组会议召开。会议审议并原则通过了《河南省全面依法治省工作领导小组工作规则》《河南省贯彻落实〈党政主要负责人履行推进法治建设第一责任人职责规定〉实施办法》。

8月14日至16日 省委副书记、省长陈润儿率河南省党政代表团赴新疆考察对口援疆工作，看望慰问一线援疆干部。

8月15日 河南省失业保险发放职工职业技能提升补贴首发式在濮阳市举行。

8月18日 黄河滩区居民迁建工作推进会在郑州召开。

8月21日 省委常委会召开会议，原则通过《郑州—卢森堡“空中丝绸之路”建设专项规划（2017—2025年）》《推进郑州—卢森堡“空中丝绸之路”建设工作方案》。

同日 省委全面深化改革领导小组第二十五次会议召开。会议审议了《2017年经济发达镇行政管理体制改革试点进展情况督察报告》，审议通过了《关于深化统计管理体制改革提高统计数据真实性的实施意见》《关于进一步推进高中阶段学校考试招生制度改革的实施意见》。

8月24日 省政府印发《河南省“十三五”养老服务体系建设

规划》。

9 月 11 日 省委全面深化改革领导小组第二十六次会议召开。会议审议并原则通过了《关于实行以增加知识价值为导向分配政策的实施意见》《河南省深化职称制度改革实施意见》《河南省进一步健全相关领域实名登记制度实施方案》。

9 月 13 日 第二十届中国农产品加工业投资贸易洽谈会在驻马店市开幕。

9 月 19 日至 22 日 全国人大常委会副委员长兼秘书长王晨率全国人大常委会执法检查组到河南，就《中华人民共和国网络安全法》和《全国人民代表大会常务委员会关于加强网络信息保护的决定》贯彻实施情况开展执法检查。

9 月 29 日 第十一届中国（郑州）国际园林博览会在郑州开幕。

10 月 1 日 省政府出台《河南省绿色环保调度制度（试行）》，对大气污染物排放实施差别化管控政策，在全国尚属首创。

10 月 26 日 直径达 15.03 米的泥水平衡盾构机在位于郑州的中铁装备盾构总装车间下线，这是中国自主设计制造的最大直径泥水平衡盾构机。

10 月 27 日 省委常委会召开扩大会议，传达学习党的十九大精神，研究部署全省学习宣传贯彻党的十九大精神工作。11 月 5 日，《中共河南省委关于认真学习宣传贯彻党的十九大精神的决定》印发。

11 月 1 日 河南出入境检验检疫局实施审单放行重大改革。

11 月 2 日 省委常委会召开会议，原则通过了《关于贯彻〈中国共产党巡视工作条例〉的实施办法》《关于切实加强市县党委巡察工作的意见》《关于被巡视（巡察）党组织配合巡视（巡察）工作规定》等办法、规定、意见。

11 月 6 日　省委全面深化改革领导小组召开第二十七次会议。会议审议并原则通过了《关于深入推进安全生产领域改革发展的实施意见》等。

同日　省脱贫攻坚领导小组会议在郑州举行。会议听取了省扶贫办关于河南省脱贫攻坚有关工作情况、省纪委关于扶贫领域涉嫌违纪问题线索的办理督查情况等方面的汇报，研究河南省《关于支持深度贫困地区脱贫攻坚的实施意见》。

11 月 11 日　安阳殷墟甲骨文入选“世界记忆名录”名单。

11 月 13 日　省委十届四次全体（扩大）会议在郑州召开。会议深入学习贯彻党的十九大精神，以习近平新时代中国特色社会主义思想为指导，表决通过了《中国共产党河南省第十届委员会第四次全体会议决议》，审议并原则通过了《中共河南省委关于深入学习贯彻党的十九大精神决胜全面建成小康社会开启新时代河南全面建设社会主义现代化新征程的意见》。

11 月 14 日　焦作“网上法院”作为全省首家“网上法院”上线运行。

11 月 20 日　省委常委会召开会议，原则通过了《河南省深化国家监察体制改革试点工作实施方案》《河南省大气污染防治条例(草案)》和《河南省节约能源条例(修订草案)》。

12 月 4 日　十届省委全面深化改革领导小组第十四次会议召开。会议审议并原则通过了《关于进一步加强耕地保护的实施意见》《关于进一步加强和改进中华文化走出去工作的实施意见》等意见。

12 月 10 日　省委召开省级领导干部会议，传达学习习近平总书记关于进一步纠正“四风”、加强作风建设重要批示精神。

同日 全省脱贫攻坚第五次推进会议在郑州召开。

12 月 11 日 2017 年全省粮食总产量为 1 194.64 亿斤，成为历史上第二个高产年份。

12 月 12 日 中原城市群豫北区域协同发展推进会议在鹤壁市召开。与会各市签署了《豫北区域协同发展合作框架协议》。

12 月 15 日 省委常委会召开会议，原则通过了《关于坚决维护党中央集中统一领导的规定》。

12 月 18 日 新修订的《河南省物业管理条例》宣传实施工作会议召开。

12 月 19 日 全省首个空气质量道路交通观测站在郑州建成。

12 月 26 日 省委十届五次全会在郑州召开。全会听取和审议通过了省委书记谢伏瞻受省委常委会委托所作的工作报告，审议通过了省委常委会抓党建工作情况专题报告，表决通过了中国共产党河南省第十届委员会第五次全体会议决议。

12 月 27 日 省长陈润儿主持召开省政府常务会议。会议审议通过了《中国（河南）自由贸易试验区开展“证照分离”改革试点方案》《河南省水资源税改革试点实施办法》以及河南省土壤污染防治系列文件。

2018年

1月4日 省公安厅宣布，2017年全省共为53 342名无户口人员登记了户口。2010年以来，河南省共为114.74万无户口人员登记落户，基本上全面解决了无户口人员的落户问题。

同日 省通信管理局宣布，截至2017年最后一个工作日，1157个贫困自然村实现4G网络覆盖，沈丘等6个贫困县138个贫困自然村光纤接入覆盖任务全部完成。

1月8日 “我们的中国梦”——文化进万家活动在河南兰考、江西井冈山同时启动。

同日 国家科学技术奖奖励大会在北京举行。河南省荣获27项国家科技奖励。

1月12日 省委农村工作会议召开。

1月17日 “德耀中原”第六届河南省道德模范颁奖典礼在郑州举行。

1月19日 全省民政工作会议召开。全省养老机构3 200多家，平均每千名老人拥有床位33.2个，建成城市社区养老服务设施1 845个、农村幸福院8 639个。

1月24日 登封市白坪乡寨东村小红寨等220个村落入选第五批河南省传统村落名录。至此，全省传统村落总数达811个。

2 月 3 日 河南省智能农机创新中心在洛阳挂牌，这是河南省成立的首家制造创新中心。

2 月 5 日 省政府新闻办举行《中共河南省委、河南省人民政府关于进一步加强耕地保护的实施意见》新闻发布会，提出未来全省耕地保护的总体目标。

2 月 8 日 河南乡村振兴研究中心成立。

2 月 10 日 即日起，河南省全面推行工业产品生产许可证改革，通过简化审批流程、优化审批方式、强化事中事后监管，进一步放宽市场准入、激活社会投资活力、促进河南制造品质升级。

2 月 11 日 郑州至晋城、焦作至晋城的省际公交班线正式开通。

2 月 27 日 河南省 2018“春风行动”启动仪式在鲁山举行。本年的“春风行动”以返乡创业与增收脱贫为工作重点。

同日 科技部发布“2017 年度中国科学十大进展”，河南学者李占扬团队的“许昌人”研究成果榜上有名。

3 月 1 日 省委召开省级党员领导干部会议，传达学习党的十九届三中全会精神，对河南省学习宣传贯彻工作进行安排部署。

3 月 5 日 开封博物馆新馆开馆运行。

3 月 9 日 省民政厅、省财政厅、省扶贫办共同印发《关于提高 2018 年最低生活保障标准、财政补助水平及特困人员供养标准的通知》，提出全省城市居民最低生活保障标准每人每月不低于 470 元，农村居民最低生活保障标准每人每年不低于 3 450 元。

3 月 21 日 全省领导干部会议召开。中央组织部副部长吴玉良出席会议并宣布中央决定：王国生任河南省委委员、常委、书记。

3 月 22 日 即日起至 31 日，全省 5 家环保设施和城市污水垃圾处理设施首次集中向公众开放。

同日 安阳市本土生产的“欧联”牌首辆高速电动轿车在内黄县下线，这是河南省首款高速电动乘用车。

4月9日 跨越亚洲作业量最大列车编组站的郑北大桥启动顶推施工作业，为国内同类型桥梁顶推跨度之最。

4月10日 第三十六届中国洛阳牡丹文化节开幕。

4月13日 以“新时代的中国：与世界携手让河南出彩”为主题的外交部河南全球推介活动在北京举行。

4月16日 省政府下发通知，就做好全省第四次全国经济普查工作提出具体要求。

同日 由两岸企业家峰会主办的2018两岸智能装备制造郑州论坛在郑州开幕。本次郑州论坛以“智能装备制造链接两岸引领未来”为主题。

4月17日 由河南省人民政府、中国国际贸易促进委员会、中国人民对外友好协会共同主办，以“开放创新、合作共赢”为主题的第十二届中国（河南）国际投资贸易洽谈会在郑州国际会展中心开幕。

同日 第十二届中国（河南）国际投资贸易洽谈会在郑州举行。

同日 西峡县木寨林场入选全国“十佳林场”。

4月18日 全省首个村级党员政治生活馆暨新时代乡村振兴讲习所在尉氏县张市镇郭家村挂牌。

同日 “感动中原”十大年度人物揭晓，分别是济源市公安局沁园社区民警毛立争，尉氏县人民检察院检察官田文生，河南理工大学高级工程师刘志怀，商水县固墙镇固寺村村民何刚，渑池县段村乡四龙村党支部书记张东堂，河南中医药大学主任医师张磊，平顶山市湛河区伟和疼痛门诊医师李永和、窦小伟，郑州大学体育学院学生李露，洛阳市出租车司机娄建党，内黄县马上乡燕庄村村民燕志学、吴明彦夫妇。年度集体奖授予由省医疗卫生行业人员组成的中国第十八批援赞医疗队群体。

同日　豫台绿色农业发展合作对接会在郑州举办。会议的主题是“优化、融合、共享”。

4 月 24 日　省通信管理局公布全省信息通信业经济运行情况，一季度全省互联网用户新增 562.3 万户，达 10 233.1 万户，总数突破 1 亿户。

5 月 3 日　全省脱贫攻坚第六次推进会议在郑州召开。会议通报了 2017 年度全省脱贫攻坚成效考核情况，通报了先进单位，表彰了先进个人；各省辖市、31 家省直脱贫攻坚责任单位向省委、省政府递交了 2018 年度脱贫攻坚责任书。

5 月 4 日　纪念马克思诞辰 200 周年大会在北京召开。省委、省人大常委会、省政府、省政协和各地各部门各单位干部职工集中收看大会盛况，认真聆听习近平总书记在纪念大会上发表的重要讲话。

5 月 8 日　焦作市首个家风馆——立义家风馆在孟州市城伯镇立义村落成并开放。家风馆成为人们传承优良家风、留住一抹乡愁的“最美”载体。

5 月 10 日　第二届全球跨境电子商务大会在郑州举行。阿里巴巴、腾讯、易贝、亚马逊等海内外知名跨境电商企业参加会议。在第二届全球跨境电子商务大会高峰会上，EWTO 研究院学术委员会正式发布中国 · 河南郑州跨境电子商务零售发展蓝皮书。

同日　首届中国自主品牌博览会在上海展览中心开幕。河南展团 24 家品牌参加博览会。

5 月 16 日 文化和旅游部官方网站公布第五批国家级非物质文化遗产代表性项目代表性传承人名单，河南省共有 43 位传承人入选。至此，河南省共有国家级非物质文化遗产代表性项目代表性传承人 127 人。

同日 省政府新闻办召开新闻发布会。截至 4 月底，河南省电话用户、互联网用户双双突破 1 亿户，迈入全国用户总量第一方阵，标志着河南省信息通信业发展迈上了新的台阶。

5 月 17 日 国家首个杂交小麦产业化基地研发中心奠基仪式在郑州举行，项目建成后将使我国杂交小麦基因资源挖掘和品种选育等领域的研发水平得到显著提升。

5 月 21 日 文化和旅游部、工业和信息化部联合发布第一批国家传统工艺振兴目录，全国共有 383 个传统工艺项目入选，河南省的钧瓷烧制技艺、汝瓷烧制技艺、唐三彩烧制技艺、登封窑陶瓷烧制技艺、当阳峪绞胎瓷制作技艺、朱仙镇木版年画、滑县木版年画、汴绣、镇平玉雕、浚县泥咕咕雕塑艺术、淮阳泥泥狗雕塑艺术、灵宝剪纸、卢氏剪纸、麦秆剪贴、四大怀药种植与炮制技艺、棠溪宝剑锻制技艺等 16 个项目入选。

5 月 24 日至 28 日 中共中央政治局常委、全国人大常委会委员长栗战书率领全国人大常委会执法检查组先后到河南省安阳市、郑州市、洛阳市实地检查大气污染防治法实施情况。

5 月 25 日 全国推动因残致贫家庭脱贫攻坚暨失能贫困重度残疾人照护和托养工作现场会在驻马店召开。

同日 河南省首宗水权交易项目进展顺利，引水入密工程经过两次试通水后进入最后调试阶段，新密市民即将饮用上丹江水。

同日 2017年度“河南十大三农新闻人物”颁奖典礼在郑州举行。获得2017年度“河南十大三农新闻人物”的是河南菡香生态农业专业合作社理事长王福军、民权县润康养殖有限公司总经理孙永海、确山县三源农机农民专业合作社理事长张大生、河南四季春园林艺术工程有限公司总经理张林、南召县皇后乡娘娘庙村第一书记张鹰、淮阳县易生科技发展有限公司董事长杨清超、禹州市森林公安局局长宋宏举、鹤壁市山城区鹿楼乡故县社区党委书记唐巨林、叶县天享农业开发有限公司总经理景奇、开封市祥符区农林畜牧局技术员董海英。

5月27日 2018中国（郑州）国际旅游城市市长论坛在郑州开幕。论坛主题为“共享经济时代下的城市优质旅游”。

同日 由中铁上海工程局集团施工的蒙华铁路晋豫段单洞双线最长隧道——大中山隧道提前5个月正式贯通。大中山隧道位于卢氏县境内，是蒙华铁路晋豫段重点控制性工程。隧道全长14.5公里，是晋豫段内最长的单洞双线隧道。

5月28日 国家远程医疗中心在郑州大学第一附属医院揭牌成立，标志着依托该院建立的河南省远程医学中心正式升级为“国字号”，这是首个落户河南的国家级远程医疗中心。

6月5日 温县铁棍山药通过全国农产品地理标志登记评审。至此，温县铁棍山药集齐工商、质检和农业三大“国家级地标”。

6月12日 农业农村部公布2018年度全国农村集体产权制度改革试点单位名单，河南省三门峡市、鹤壁市、濮阳市和叶县、商丘市睢阳区等11个市、县（区）被确定为第三批改革试点单位。至此，河南省承担国家级农村集体产权制度改革试点任务的市、县（区）已经扩大到18个。

同日 河南省省级现代服务专业园区中原物流小镇项目建设在郑州启动，标志着亚洲最大的超级分拨中心落地郑州。

6月14日 “贫困烧伤患者慈善救助基金”启动仪式在新乡第二人民医院烧伤诊疗中心举行。这是河南省首个包含成人和儿童的贫困烧伤患者救助基金。

6月15日 省委常委会召开会议，传达学习习近平总书记近日对打赢脱贫攻坚战的重要批示，研究河南贯彻落实意见。

6月22日 2018国家现代农业产业园名单公布，温县以优质小麦良种、“四大怀药”两大特色优势，成为全国21个创建单位之一。

6月26日 十届省委全面深化改革领导小组召开第十六次会议。会议审议并原则通过了《河南省事业单位公务用车制度改革实施意见》《河南省国有企业公务用车制度改革实施意见》等。

6月29日至30日 省委十届六次全会暨省委工作会议在郑州召开。会议分析了当前经济运行形势，对下半年重点经济工作作出部署。

7月1日 即日起，手机流量“漫游”费正式取消，省内流量自动升级为国内流量（不含港澳台流量）。三家运营商按照集团公司统一安排，已累计梳理各类套餐产品24 542个，实施产品改造6 175个，产品描述修改16 505个，确保如期完成取消流量“漫游”费。经测算，取消“漫游”费后，全省手机用户每月减少通信支出1.07亿元，切实享受到提速降费的政策红利。

7月4日 国网河南省电力公司宣布，上半年全省共完成249个贫困村和1 235个深度贫困村电网升级改造，标志着全省贫困村及深度贫困村电网改造任务提前完成。

7月9日 首批50个有序充电桩在郑州世纪家园小区完成安

装，这是国内首个规模化电动汽车有序充电项目。

7月10日 2018《财富》中国500强排行榜，河南省共有8家企业上榜，分别是万洲国际有限公司、郑州宇通客车股份有限公司、安阳钢铁股份有限公司、洛阳栾川钼业集团股份有限公司、平顶山天安煤业股份有限公司、河南神火煤电股份有限公司、河南豫光金铅股份有限公司、建业地产股份有限公司。

7月19日 2018《财富》世界500强排行榜揭晓。河南能源化工集团居榜单第496位，是河南省唯一入围世界500强的企业。

同日 工信部在沈阳举行第八批国家新型工业化产业示范基地授牌仪式，中牟（汽车产业）入选第八批国家新型工业化产业示范基地（优势类）名单。河南省国家新型工业化产业示范基地达12个。

7月30日 省政府办公厅印发《河南省用能权有偿使用和交易试点实施方案》。根据《方案》规定，全省将建立完善的能源消费报告、审核和核查、用能权指标管理、分配和交易等制度体系。

7月31日 “国家数字经济试点重大工程研究中心”在郑州高新区揭牌。

8月3日 西部航空有限责任公司在河南机场集团举行揭牌仪式，正式成立西部航空郑州分公司。

8月8日 省政府新闻办召开新闻发布会，宣布新县、沈丘县、新蔡县成功脱贫摘帽。至此，全省贫困县总量降至47个。

同日 第二届中原批发商大会在郑州举行。

8月20日 全国农产品产销对接行启动仪式暨首场产销活动在郑州举行。

同日 第二十二届中国（郑州）国际糖酒食品交易会开幕。

8 月 28 日至 29 日 第十三届豫商大会在驻马店举行。大会共签约合作项目 62 项,涉及食品加工、机械制造、服装加工、文化旅游、社会事业、仓储物流、化工等领域。

8 月 29 日 中国民营企业 500 强峰会在辽宁沈阳召开。会议发布了 2018 中国民营企业 500 强榜单,河南共有 15 家企业入选。

8 月 30 日至 31 日 第十一届全球纺织服装供应链大会在西平开幕。

9 月 2 日 "2018 中国企业 500 强"排行榜出炉。河南有 10 家企业入选,分别是河南能源化工集团有限公司、万洲国际有限公司、中国平煤神马能源化工集团有限责任公司、天瑞集团股份有限公司、河南森源集团有限公司、安阳钢铁集团有限责任公司、河南豫光金铅集团有限责任公司、河南豫联能源集团有限责任公司、郑州宇通集团有限公司、万基控股集团有限公司。

9 月 7 日 中宣部授予张玉滚"时代楷模"称号。张玉滚是河南镇平县高丘镇黑虎庙小学校长,他扎根深山 17 年,矢志不渝奋斗在乡村教育一线。

同日 《森林河南生态建设规划(2018—2027 年)》发布。

9 月 9 日 全省生态环境保护大会在郑州召开。会议动员全省上下积极行动起来,坚决打好污染防治攻坚战,开创河南省生态文明建设新局面。

同日 郑州至日本东京货运航线正式开通。

9 月 13 日 中国老区建设促进会在确山举行仪式,授予河南省竹沟革命纪念馆等 5 个红色纪念场馆"弘扬老区精神红色基因示范基地"。

9 月 17 日 首届中国农民丰收节——中国农民电影节在西平

举行。

9 月 21 日 河南民营企业 100 强发布会举行。本次发布的河南民营企业 100 强前 10 名是：河南省漯河市双汇实业集团有限责任公司、郑州中瑞实业集团有限公司、天瑞集团股份有限公司、河南森源集团有限公司、郑州宇通集团有限公司、河南黄河实业集团股份有限公司、河南正商置业有限公司、洛阳栾川钼业集团股份有限公司、河南众品食业股份有限公司、河南金汇不锈钢产业集团有限公司。

9 月 23 日 河南省举行庆祝活动，欢庆首个中国农民丰收节。

9 月 25 日 省委、省政府召开全省脱贫攻坚工作电视电话会议。会议指出，要以扎实的脱贫成果为乡村振兴打好基础，促进农业全面升级、农村全面进步、农民全面发展，确保到 2020 年交上全面建成小康社会的重量级答卷。

10 月 10 日至 11 日 第十五届中国羊业发展大会在兰考举行。

10 月 11 日 全省实施乡村振兴战略工作会议在林州市召开。会议全面贯彻全国实施乡村振兴战略工作推进会议精神，认真落实省委十届六次全会暨省委工作会议部署，总结进展情况，安排下步工作，高质量推动乡村振兴战略实施。

10 月 11 日至 12 日 全省百城建设提质暨文明城市创建工作推进会议在周口召开。

10 月 12 日至 13 日 第二届中国服务型制造大会召开。国家级服务型示范城市名单公布，郑州市榜上有名。

10 月 15 日 2018 全国森林城市建设座谈会在广东深圳举行。河南省濮阳市、驻马店市、南阳市被授予“国家森林城市”称号。至此，河南省共有国家森林城市 14 个，数量居全国第一位。

10 月 17 日 全国脱贫攻坚奖表彰大会暨脱贫攻坚先进事迹报告会在北京举行，河南省 3 人、2 县获奖。沈丘冯营乡李寨村党支部书记李士强获“奋进奖”，国家统计局河南调查总队直属机关党委调研员、息县路口乡弯柳树村扶贫驻村第一书记宋瑞获“贡献奖”，河南羚锐集团有限公司董事长熊维政获“奉献奖”；兰考县、上蔡县获得“组织创新奖”。

同日 全省交通运输脱贫攻坚现场会暨深度贫困地区交通运输脱贫攻坚推进会在卢氏召开。

10 月 19 日 郑洛新·中关村双创基地项目签约暨揭牌仪式在北京举行，投资 260 亿元的轨道交通产业发展研究院及产业化基地项目、投资 110 亿元的科特勒国际源头创新科学生态城项目、投资 100 亿元的纳米空心硅、硅碳复合负极材料产业化项目等 21 个高新技术合作项目落地郑洛新三市。

10 月 21 日 在全国森林康养基地建设经验交流会上，河南 15 家单位入选第四批全国森林康养基地试点建设单位。

10 月 22 日 全国首个“乡村体育室”在兰考县东坝头乡张庄村挂牌。

同日 首届河南省农民体育健身大赛在夏邑举行。

同日 国家技术标准创新基地（郑洛新）启动仪式在郑州举行。该基地将以提升技术标准自主创新能力为核心，以“四中心一平台”为重点，为服务郑洛新国家自主创新示范区建设、引领全省创新发展、促进经济转型升级提供支撑。

10 月 27 日至 28 日 中国·河南招才引智创新发展大会在郑州举行。

10 月 28 日 信阳明港机场正式通航。

10 月 29 日 2018 河南乡村振兴论坛暨“河南最美乡村”建设经验交流会在温县召开。

10 月 31 日 截至当日，全省按最低收购价收购稻谷 1.43 亿公斤。市场化收购秋粮 14.12 亿公斤。其中，中晚稻 2.09 亿公斤、粳稻 0.14 亿公斤、玉米 11.31 亿公斤、大豆 0.58 亿公斤。

11 月 1 日 以“推动制造业开放合作和高质量发展”为主题的 2018 中国（郑州）产业转移系列对接活动在郑州国际会展中心开幕。

同日 省政府推进政府职能转变和“放管服”改革工作例会暨兰考现场会召开。

11 月 9 日 全省基层公共文化建设暨扶贫扶志工作推进会在安阳召开。会议对全省基层公共文化建设工作和扶贫扶志工作进行了安排部署。

11 月 12 日 2018 首届传感器大会在郑州开幕。大会的主题是“感知世界，智赢未来”。

11 月 13 日 实施国土绿化提速行动建设森林河南动员大会在郑州举行。

11 月 14 日 第三代（智能化）残疾人证河南省首发仪式在郑州市金水区服务中心举行。

11 月 29 日 中国农村能源革命首个试点建设县启动会在兰考举行。

12 月 3 日 省长陈润儿主持召开省政府常务会议。会议审议通过了《河南省“十百千”转型升级创新专项实施方案》《河南省创新驱动提速增效工程实施意见》等。

同日 全省首届司法行政开放日活动启动。活动的主题是“弘扬宪法精神，走进司法行政”。

12 月 3 日至 4 日 中共中央政治局委员、中央政法委书记郭声琨到河南调研。

12 月 5 日 省长陈润儿主持召开省政府常务会议。会议审议通过了《河南省尼龙新材料产业发展三年行动计划》《河南省加快推进智能传感器产业发展行动计划》等。

12 月 7 日 上午 10 时，郑州铁路集装箱中心站，中欧班列（郑州—东盟越南）首班开行。

同日 省发改委、河南物流与采购联合会联合首次发布“河南省物流指数”。

12 月 13 日 省委召开 33 个拟退出贫困县县委书记座谈会。

12 月 26 日 省长陈润儿主持召开省政府常务会议。会议审议通过了《关于进一步加快农村户用厕所改造工作的意见》《关于建立城乡居民基本养老保险待遇确定和基础养老金正常调整机制的实施意见》。

同日 全省首个高铁无轨站——栾川高铁无轨站建成。

2019年

1月3日 巩义市等13个县（市）被农业农村部确定为主要农作物生产全程机械化示范县。

1月4日 河口村水库等工程上榜2018全国有影响力十大水利工程。

同日 河南速达电动汽车科技有限公司成为国家发展改革委和工业和信息化部“双认证”企业，是河南省首家获得国家“双认证”的纯电动乘用车企业。

1月8日 2018年度国家科学技术奖励大会在北京人民大会堂举行，河南省共有16项成果荣获国家科技奖励。

1月13日 在中国新经济品牌峰会暨创新榜样巡礼活动上，西平县被命名为“2018中国建设美丽乡村典范县”。

1月16日 国家生物育种产业创新中心在新乡获批建设。

1月22日 全省推进婚丧礼俗改革助力脱贫攻坚现场会在宁陵召开。会议指出，推进婚丧礼俗改革，事关脱贫成效，事关乡村振兴，涉及千家万户，连着社情民风，必须高度重视，积极主动作为。

同日 河南采用公开招标方式在北京成功发行首批新增地方政府债券453.2亿元，成为今年全国首个发行专项债券的省份。

1月23日 省政府在郑州召开省大数据管理局成立暨工作

会议。

1月25日 全省扶贫开发工作会议在郑州召开。会议深入学习贯彻习近平总书记关于扶贫工作的重要论述，认真落实中央农村工作会议、全国扶贫开发工作会议和省委十届八次全会精神，总结2018年脱贫攻坚工作，安排2019年重点工作。

1月29日 南阳市中医药发展局挂牌，是全国唯一成立专门的中医药局的省辖市。

2月1日 省政府办公厅下发《优化口岸营商环境促进跨境贸易便利化工作实施方案》，提出到2021年年底，河南整体通关时间压缩一半，基本建成内陆地区一流的口岸开放高地。

2月2日 省政府新闻办发布2019年河南省重点项目。910个重点项目总投资3.1万亿元，涵盖产业转型发展、创新驱动、基础设施、新型城镇化、生态环保、民生和社会事业6个领域18个行业。

2月14日 省政府常务会议召开。会议审议通过了《河南省用能权有偿使用和交易管理暂行办法》《河南省机关团体建设楼堂馆所管理办法》《河南省党政机关办公用房管理办法》《河南省党政机关公务用车管理办法》。

同日 三门峡市陕州区农村产业融合发展示范园、汝州市农村产业融合发展示范园、鹤壁市浚县农村产业融合发展示范园、周口市郸城县农村产业融合发展示范园、驻马店市平舆县农村产业融合发展示范园、许昌市禹州市农村产业融合发展示范园6家单位入选首批国家农村产业融合发展示范园。

2月25日 中国（河南）—乌兹别克斯坦（卡什卡达里亚）经贸合作论坛在郑州举行。乌兹别克斯坦卡什卡达里亚州政府推介该州有关情况和招商政策，并与河南 100 多家企业开展对接活动。

2 月 27 日 国务院国资委在郑州召开国有企业改革座谈会，会议指出，贯彻落实好有关精神，继续保持国企改革攻坚克难大气势，坚决打好国企改革攻坚战，为河南高质量发展提供坚实支撑。

2 月 28 日 河南首个信用大数据金融服务平台——“信豫融”平台上线运行。

3 月 1 日 全省公共机构能源资源节约和生态环境保护工作会议在郑州召开。会议要求，力争在 2015 年能源资源消耗的基础上，完成人均综合能耗下降 9.8%、单位建筑面积能耗下降 8.5%、人均水耗下降 11.5% 的目标。

同日 全国首家企业登记身份实名验证系统在郑上线。

3 月 2 日 中欧班列（郑州）首条跨境电商专线正式开通。这条专线将由郑州驶向比利时列日，每周运行两班，掀开郑州“陆上丝路”与阿里巴巴菜鸟跨境电商强强合作的全新篇章。

3 月 4 日 全省“三农”重点工作汇报会在郑州举行，会议对“大棚房”问题专项清理整治、农村人居环境改善等重点工作进行安排部署。

3 月 5 日 全国首个省级金融服务共享平台——河南省金融服务共享平台上线。

3 月 8 日 中共中央总书记、国家主席、中央军委主席习近平参加十三届全国人大二次会议河南代表团的审议。同日，省委常委会在北京全国两会驻地召开扩大会议，传达学习习近平总书记在参加十三届全国人大二次会议河南代表团审议时的重要讲话精神，研究河南省贯彻落实意见。

3 月 11 日 中国（洛阳）自主创新智能制造产业基地暨格力洗

衣机、晶弘冰箱生产基地项目开工仪式在洛阳市高新区举行。

3月12日 省慈善总会第四届会员代表大会在郑州召开。大会选举产生省慈善总会第四届理事会，邓永俭当选会长。

3月14日 由外交部国际经济司支持，国家发展改革委“一带一路”建设促进中心主办的“一带一路”国际合作典型项目研讨会在郑州开幕。

3月15日 第十三届中国（河南）国际投资贸易洽谈会在北京举行新闻发布会，投洽会组委会共征集招商引资项目3 509个。

同日 河南中源化学股份有限公司年产40万吨精品小苏打项目在南阳市桐柏县竣工投产，是世界最大的小苏打生产基地。

同日 国家发展改革委5G应用示范项目——郑州大学第一附属医院5G实验网30个5G基站全部开通，标志着国内首个5G医疗实验网的建设已完成。

3月17日 中央农办主任、农业农村部部长韩长赋深入南阳市调研“三农”工作。

3月20日 河南省首辆自主研发、拥有自主品牌的纯电动汽车在河南速达电动汽车科技有限公司总装车间下线。

3月25日 中原资产非公开发行2019年纾困专项债（第一期）成功发行，这是河南首单纾困专项债。

3月28日 省政府推进政府职能转变和“放管服”改革郑州现场会召开。会议指出，要着力降低制度性交易成本，激发市场主体活力，推进“互联网+监管”，持续优化营商环境，用政府权力的“减法”，换取市场活力的“乘法”。

同日 省政府新闻办召开新闻发布会发布消息，自今年4月1日起，郑州航空口岸将实行7×24小时通关保障，所有国际航班、国际旅客和进出口货物将随到随检、快速通关。

3 月 31 日 跨亚洲最大铁路编组站的郑州农业路大桥建成通车，其相邻段主线桥，京沙互通南向西、西向南、西向北 3 条匝道也随即开通。至此，郑州农业路快速通道主线已全部建成通车，这也标志着郑州“井字 + 三环”快速路网体系组网完成。

4 月 7 日 以“以侨为‘桥’连通世界”为主题的侨务资源服务“一带一路”建设及出彩河南项目对接会在郑州举行。

4 月 8 日 2019 亚洲经济发展峰会在郑州国际会展中心举行。与会嘉宾围绕“中原经济发展新机遇与对外开放”开展对话，有关方面举行了合作签约仪式。

同日 2019“一带一路”她消费 · 她经济 · 她出彩合作论坛暨项目对接洽谈活动在郑州举行。

同日 河南省防范打击通信信息诈骗不良信用电话用户管理系统上线运行，成为首个建成投用的省级管理系统。

4 月 8 日至 11 日 第十三届中国河南国际投资贸易洽谈会举行。组委会共备案核实签约项目 463 个，投资总额 4 226.6 亿元，其中合同利用省外、境外资金 4 114.5 亿元。

4 月 13 日 小浪底南岸灌区工程开工建设。

4 月 18 日 2019 全国短视频创意峰会在郑州举行。峰会还正式启动了“互联中国 25 年 · 记忆”短视频征集活动，举行了“第六届中国网络视频满意度博雅榜之大学生网络视频节”启动仪式。

4 月 19 日 省委常委会召开会议，传达学习习近平总书记在重庆考察时的重要讲话精神，以及中共中央政治局常委、全国政协主席汪洋在豫调研时的讲话精神，研究河南脱贫攻坚、经济运行、改进作风等工作。会议审议了《关于推动高质量发展的实施意见》《关于领导干部带头解决形式主义突出问题为基层减负的五条措施》等。

4月25日 民盟中央“天使工程”（内黄站）医疗扶贫公益活动在内黄县人民医院举行。民盟中央向民盟河南省委员会捐赠5万元守护天使乳腺项目救助资金。民盟河南省委员会向内黄县人民医院捐赠全自动生化免疫流水线系统。

4月28日 省委十届九次全体（扩大）会议在郑州召开。全会审议讨论了《中共河南省委、河南省人民政府关于深入学习贯彻习近平总书记重要讲话精神全面推进乡村振兴战略的实施意见》。

4月29日 省委、省政府召开全省教育大会。会议深入学习贯彻习近平总书记关于教育的重要论述和全国教育大会精神，讨论了《河南教育现代化2035》《加快推进河南教育现代化实施方案(2018—2022年)》。

5月8日 省长陈润儿主持召开省政府常务会议，传达贯彻习近平总书记在中央政治局第十四次集体学习时的重要讲话精神。会议审议通过了《河南省南太行地区山水林田湖草生态保护修复工程实施方案》，批准栾川县等33个县退出贫困县。

5月9日 省政府新闻办召开新闻发布会宣布：2018年拟退出的栾川等19个国定贫困县、伊川等14个省定贫困县，经省级专项评估检查，达到脱贫摘帽标准，正式退出贫困县序列。

5月10日 第三届全球跨境电子商务大会在郑州开幕。

5月10日至14日 第七届中国特色商品博览交易会在三门峡国际文博城会展中心举办。

5月12日 中央扫黑除恶第17督导组进驻河南省开展第一轮督导工作“回头看”。

5 月 13 日至 14 日 以“交流、合作、融合、对接”为主题的全国优质专用小麦产业联盟优质小麦现场观摩暨产销对接会在新乡召开。

5 月 15 日 信阳市浉河区浉河港镇文新茶村（茶园）入选“中国美丽茶园”，成为河南省唯一入选的茶园。

5 月 17 日 全球首条在开放道路上试运行的 5G 无人驾驶公交线路开通。车辆由宇通公司自主研制，移动、联通公司提供 5G 信号服务。

5 月 18 日 第十一届中国中部投资贸易博览会主旨论坛暨开幕式在江西南昌举行。本届中博会上河南共达成合作项目 36 个，投资总额 294.2 亿元，合同引进省外境外资金 285.2 亿元，并在由河南主办的“助力中原更出彩产业对接洽谈活动”现场进行了集中签约。

5 月 21 日 河南省最大的公共集中式充电场站——“联合快充”在郑州上线运营。

6 月 3 日至 4 日 中共中央政治局委员、国务院副总理胡春华到河南调研农业生产工作。

6 月 6 日 省委召开“不忘初心、牢记使命”主题教育工作会议，深入学习贯彻习近平总书记在“不忘初心、牢记使命”主题教育工作会议上的重要讲话精神，按照党中央部署要求，结合河南实际，对全省开展主题教育工作进行动员和部署。

同日 住房和城乡建设部、文化和旅游部等 6 部门公布第五批中国传统村落名录，河南巩义市大峪沟镇海上桥村、焦作市示范区苏家作乡寨卜昌村、修武县西村乡东交口村和孟州市西虢镇莫沟村等 81 个村落入选。

6月13日 农业农村部、财政部共同发布2019年国家现代农业产业园创建名单，驻马店市泌阳县现代农业产业园入选。

6月14日 河南首家本土基地货运航空公司——中原龙浩航空有限公司执飞的郑州至广州定期货运航线首航正式运营，结束了河南没有本土基地货运航空公司的历史。

同日 河南515.2亿元政府债券在上海证券交易所成功发行。

6月18日 晋陕豫黄河金三角区域合作第三届省级协调领导小组会议暨四市联席会议在三门峡国际文博城召开。与会人员围绕“蓝图共绘·协同发展·共建共享”这一主题，共商合作发展大计。

6月19日至20日 全国加快推进粮食产业经济发展第三次现场经验交流会在郑州召开。

同日 第二届中国粮食交易大会在郑州国际会展中心开幕。

同日 省总工会出台《关于推动3岁以下婴幼儿照护服务发展的指导意见》，要求各级工会组织通过多种形式促进婴幼儿照护服务发展，鼓励用人单位为职工提供福利性婴幼儿照护服务。

6月22日 省发展改革委、省工业和信息化厅、省财政厅、中国人民银行郑州中心支行联合下发《关于做好2019年河南省降成本重点工作的通知》，从税费、融资、用能、用地、物流、支持企业内部挖潜6个方面提出30条降成本政策措施。

6月25日 河南首条直达欧洲定期客运航线郑州——伦敦航线正式开航。

7月1日 国家卫生和健康委发布通知正式启动全国疾病控制信息化试点工作。全国共确定8个省级疾控机构、31个市级疾控机构以及29个区县级疾控机构为试点单位。郑州市疾病预防控制中心、洛阳市疾病预防控制中心、汝阳县疾病预防控制中心、郏县疾病预防控制中心、中牟县疾病预防控制中心入选。

7 月 11 日 全国自贸片区创新联盟制度创新对接大会在深圳前海举办，发布了首批 35 项典型创新案例，其中洛阳片区入选 2 项，实现河南自贸试验区创新案例在全国复制推广“零”的突破。

同日 全国食品工业强镇授牌仪式在汤阴县城关镇举行。汤阴县城关镇成为全国首个食品工业强镇。

7 月 16 日 国家统计局河南调查总队发布调查结果显示，2019 年河南省夏粮总产量为 374.54 亿公斤。夏粮播种面积、总产量和单位面积产量均居全国第一，再创河南夏粮总产量历史新高。

7 月 18 日 中国（郑州）2019 华为软件与人工智能产业峰会在郑州国际会展中心开幕。

7 月 21 日 2019 中国（郑州）5G 智慧医疗健康发展大会开幕。

7 月 23 日 商务部公布了自由贸易试验区第三批“最佳实践案例”，由自贸试验区开封片区、郑州片区共同推出的“一码集成服务”榜上有名，成功入选全国“最佳实践案例”，并在全国予以推广。

同日 郑州新郑国际机场出境免税店首次开展销售“退税国产品”业务，郑州航空口岸成为中部地区省会城市首家开展此项业务的口岸。

7 月 24 日 农业农村部办公厅、财政部办公厅下发通知，河南省新蔡县余店镇、平舆县郭楼镇、济源市承留镇、封丘县王村乡等 21 个镇获批建设 2019 年“全国农业产业强镇”。

7 月 26 日 《区域全面经济伙伴关系协定》（RCEP）第 27 轮贸易谈判委员会全会在郑州开幕。

7 月 28 日 全国乡村旅游（民宿）工作现场会正式公布了第一

批全国乡村旅游重点村并进行授牌，河南省 10 个村入选。分别是：洛阳市栾川县潭头镇重渡村、南阳市西峡县太平镇东坪村、焦作市温县赵堡镇陈家沟村、三门峡市卢氏县官道口镇新坪村、开封市兰考县东坝头乡张庄村、信阳市新县八里畈镇丁李湾村、郑州市新郑市龙湖镇泰山村、驻马店市平舆县东皇街道大王寨村、周口市淮阳县城关回族镇从庄村、鹤壁市淇县灵山街道赵庄村。

7 月 29 日 中国革命老区脱贫攻坚经验交流会在北京举行。卢氏县脱贫攻坚经验做法得到专家学者一致好评。

7 月 30 日 第三十一届中原畜牧业交易博览会在郑州国际会展中心开幕。

7 月 31 日 省政府在郑州召开全省安全生产电视电话会议。会议贯彻落实习近平总书记和李克强总理关于安全生产的重要指示和批示及全国安全生产电视电话会议精神，深刻汲取义马气化厂“7·19”爆炸事故教训，安排部署深入开展“防风险、除隐患、保平安、迎大庆”专项行动。

同日 中国石化文 23 储气库项目（一期工程）实现全面投产注气。文 23 储气库项目位于濮阳市濮阳县文留镇，是我国中东部地区最大的储气库。

8 月 2 日 海关总署、财政部、国家税务总局、国家外汇管理局四部委正式批准，民权县保税物流中心（B 型）准予设立。

同日 2019 年中国（郑州）国际期货论坛在郑州国际会展中心开幕。

8 月 7 日 全国特色村镇合作与发展峰会暨 2019 新乡绿色装配式建筑专项推介会在新乡召开。

8 月 8 日 豫发集团 · 第三届中原批发商大会在郑州启幕。

8 月 9 日 中国期货市场第一个农资类期货品种——尿素期货在郑州商品交易所上市。

8 月 13 日 国家卫生和健康委公布全国 118 个城市医联体建设试点名单，河南省郑州、洛阳、焦作、濮阳、漯河 5 个城市入选。

8 月 14 日 上汽集团云计算数据中心项目在位于郑州经济技术开发区的上汽乘用车郑州基地破土开工，标志着河南汽车产业迈上了云计算、工业互联和数据经济发展的新征程。此次开工建设的云计算数据中心建成后将成为上汽集团最大的数据中心。

8 月 18 日 第七届中国（河南）创业者大会在郑州国际会展中心开幕。

8 月 20 日 第三届中国服务型制造大会在郑州开幕。

8 月 21 日 由中铁装备集团设计制造的两台土压平衡盾构机在郑州基地成功下线，该设备将应用于丹麦哥本哈根的地铁项目。这是我国自主研制的盾构机首次出口北欧国家。

同日 山西运城至河南灵宝高速公路正式通车运营，标志着河南省西部重要大通道、伏牛山旅游高速公路——三淅高速公路全线通车，也标志着呼北高速在河南省境内实现全线贯通。

同日 长垣—东明黄河公路大桥正式通车运营，也标志着菏宝（菏泽—宝鸡）高速实现全线贯通，成为豫北地区出海路程最短、最便捷的高速公路通道。大桥项目路线全长 23.5 千米，其中主桥长 15.206 千米，是黄河公路第一长桥。

8 月 30 日 国家发展改革委等部委联合下发《关于进一步推进产业转型升级示范区建设的通知》，支持河南西部（洛阳—平顶山）建设全国第二批产业转型升级示范区。

9 月 1 日 中国企业联合会、中国企业家协会发布“2019 中国企业500强”榜单，河南省9家企业入围。分别是：河南能源化工集团有限公司、万洲国际有限公司、中国平煤神马能源化工集团有限责任公司、安阳钢铁集团有限责任公司、郑州宇通企业集团、河南森源集团有限公司、天瑞集团股份有限公司、河南豫光金铅集团有限责任公司、万基控股集团有限公司。

9月2日 推动构建亲清新型政商关系工作会议暨优化营商环境大会在郑州召开。

9月3日 2019河南民营企业百强发布会在郑州举行，正式揭晓2019河南民营企业100强榜单。

同日 中国纺织工业联合会公布2019年纺织行业智能制造试点示范企业名单，新乡化纤股份有限公司入选。

9月5日 以“智能制造、引领未来”为主题，由两岸企业家峰会主办的2019两岸智能装备制造郑州论坛开幕。

同日 第二十二届中国农产品加工业投资贸易洽谈会在驻马店会展中心开幕。

9月7日至8日 首届黄淮麦区优质强筋小麦品种质量鉴评会举办，新乡市农业科学院研发的小麦品种“新麦26”被评为超强筋小麦品种，同时被评为面包和面条超强筋小麦品种，并向外界正式发布。这是我国首次发布超强筋小麦品种。

9月8日至16日 第十一届全国少数民族传统体育运动会在河南郑州举行。本届运动会是全国少数民族传统体育运动会首次在中部省份举办，来自全国31个省（自治区、直辖市）、新疆生产建设兵团、解放军以及台湾共34个代表团的7 009名运动员，共同角逐17项竞赛项目和194项表演项目。

9月10日 全省“不忘初心、牢记使命”主题教育第一批总结暨第二批部署会议在郑州召开。会议深入学习贯彻习近平总书记关于主题教育的重要讲话和重要指示批示精神，落实中央会议精神，对河南省第一批主题教育进行回顾总结，对第二批主题教育进行动员部署。

同日 国务院扶贫开发领导小组督查组在郑州召开座谈会，向河南省反馈督查情况。

同日 国家发展改革委、交通运输部联合下发《关于做好 2019 年国家物流枢纽建设工作的通知》，共有 23 个物流枢纽入选 2019 年国家物流枢纽建设名单，其中郑州入选空港型国家物流枢纽建设名单。

9 月 12 日 河南省农业科学院现代农业智能装备研发基地在长垣县揭牌成立。

9 月 15 日 省发展改革委印发《关于组织开展 2019 年度试点地区重点用能单位能源消费数据报送和用能权确权工作的通知》，107 家重点用能单位被确定为河南省第一批用能权试点。

9 月 16 日至 18 日 中共中央总书记、国家主席、中央军委主席习近平先后到河南信阳、郑州等地，深入革命老区、农村、企业等，就经济社会发展和“不忘初心、牢记使命”主题教育情况进行考察调研。18 日，习近平总书记在郑州主持召开黄河流域生态保护和高质量发展座谈会并发表重要讲话。

9 月 19 日 省委召开全省领导干部大会，传达学习习近平总书记视察河南重要讲话、在黄河流域生态保护和高质量发展座谈会上的重要讲话精神，安排部署贯彻落实工作。

9 月 22 日 省委发出《关于认真学习贯彻习近平总书记考察调研河南时重要讲话精神的通知》。

9月23日 2019年中国农民丰收节河南省主会场活动在洛阳市孟津县朝阳镇卫坡村举行。

9月23日至27日 省十三届人大常委会第十二次会议在郑州召开。会议传达学习了习近平总书记考察调研河南时重要讲话精神和省级人大立法工作交流会精神；会议表决通过了《河南省人民代表大会常务委员会关于设立河南省人大常委会济源产城融合示范区工作委员会的决定》等法规；批准了《郑州市规范城市客运行为若干规定》等；会议听取和审议了有关报告说明。经表决，会议任命河南省人大常委会济源产城融合示范区工作委员会主任、副主任。

9月24日 省委“不忘初心、牢记使命”主题教育领导小组发出《关于在“不忘初心、牢记使命”主题教育中认真学习贯彻习近平总书记考察调研河南时重要讲话精神的通知》。

9月25日 2019数字经济峰会暨河南智能产业生态建设国际交流会在郑州国际会展中心开幕。

9月27日 中国（鹤壁）—德国投资合作与智能制造论坛在鹤壁举行。

10月7日 中央宣传部向全社会宣传发布中国科学院资深院士、中国石化集团有限公司科技委顾问、中石化洛阳工程有限公司技术委员会名誉主任陈俊武的先进事迹，并授予他“时代楷模”荣誉称号。

10月9日 鹤壁市举行农村（社区）干部学历教育学院揭牌仪式，这是全省首家全日制面向农村（社区）干部进行国家普通高等学校大专学历教育的专门机构。

同日 省委全面深化改革委员会第五次会议召开。会议审议了

《关于开发区体制机制改革创新的意见》《河南教育现代化 2035》《加快推进河南教育现代化实施方案（2018—2022 年）》；讨论了《河南省安全生产风险管控与隐患治理办法（草案）》。

同日 第二十五届郑州全国商品交易会在郑州国际会展中心举行。

同日 第十六届中国标准化论坛在郑州国际会展中心召开。

10 月 16 日 官渡黄河大桥通车，郑新两地间黄河公路大桥增至 4 座。

10 月 17 日 中国工程科技论坛第二届秦巴论坛在南阳举行。

10 月 18 日 全省百城建设提质工程暨文明城市创建工作推进会在焦作召开。会议强调，要深入贯彻习近平总书记考察调研河南时重要讲话精神，用 3 年时间全面完成 1 万个城镇老旧小区改造提质，不断满足人民群众的美好生活需要。

10 月 19 日 国家“十三五”重大文化工程——二里头夏都遗址博物馆正式开馆。

10 月 21 日 国家统计局第十统计督察组进驻河南省开展统计督察，并与省委、省政府对接沟通工作。

10 月 23 日 国家农机装备创新中心建设启动会在洛阳举办。

同日 2019 中国旅行服务产业发展论坛暨“一带一路”城市旅游联盟年会在开封开幕。

10 月 24 日 第二批国家农业绿色发展先行区名单公布，河南济源唯一入选。

10 月 26 日 第二届中国·河南招才引智创新发展大会、中国·河南开放创新暨跨国技术转移大会在郑州会展中心举行。

10 月 28 日 省政府召开常务会议，审议并原则通过《关于推进城镇老旧小区改造提质工作的指导意见》、推进健康中原行动实施意见及有关考核方案。

同日 国家发展改革委办公厅、工业和信息化部办公厅联合下发《关于发布资源综合利用基地名单的通知》，河南省洛阳、郑州、安阳、焦作四市入围全国第二批工业资源综合利用基地。

10 月 29 日 2019 第五届中国 PPP 发展（融资）论坛在郑州举行。

同日 长三角地区侨商客商与商丘合作交流对接活动开幕式暨项目签约仪式在商丘举行。

10 月 31 日 2019 年中国国际信息通信展览会在北京举行，首批 50 个商用城市公布，包括 4 个直辖市、26 个省会城市、5 个计划单列市和 15 个重点城市，河南省的郑州、南阳成为首批商用城市，率先进入 5G 时代。当天，河南电信、河南移动、河南联通在郑州举办了 5G 商用启动仪式。

11 月 1 日 省委常委会召开扩大会议，传达学习党的十九届四中全会精神，安排部署河南学习贯彻落实工作。

同日 以“数字新时代文化新生态”为主题的 2019 数字文化大会在开封举行。

11 月 4 日 河南省与长三角地区经贸合作交流会在上海举行。

11 月 5 日至 8 日 第六届中拉政策与知识高端研讨会在郑州召开。

11 月 9 日 2019 世界传感器大会在郑州国际会展中心开幕。

11 月 11 日 省监察委员会召开第一届特约监察员聘请会议，深入贯彻党的十九届四中全会精神，按照中央纪委国家监委和省委要求，聘请省监察委员会第一届特约监察员，安排部署相关工作。

这标志着河南监察机关特约监察员制度正式建立。

11 月 12 日 省政府召开常务会议，深入贯彻习近平总书记在第二届中国国际进口博览会开幕式上主旨演讲精神，听取河南参加第二届进博会有关情况汇报。会议研究了《关于健全食品安全责任制加强食品安全工作的若干措施》，对进一步严格落实地方党政领导责任、部门工作责任、企业主体责任提出要求。

11 月 13 日 现代农业产业技术体系首席科学家工作会在驻马店正阳召开。

11 月 15 日 国家山药产业科技创新联盟成立大会暨 2019 温县铁棍山药新闻发布会在温县召开。

11 月 18 日 2019 年中国技能大赛暨第三届智能制造应用技术技能大赛在郑州举行。

同日 省委农村工作领导小组召开会议，讨论了《中共河南省委贯彻〈中国共产党农村工作条例〉实施办法》，原则通过了《河南省推进乡村振兴战略实绩考核工作办法（2019—2020 年）》。

同日 中原资产成功发行 4 亿美元 3 年期高级无抵押债券，利率 4.2%。这是全国首家地方国有资产管理公司在境外市场发行美元债。

11 月 22 日 2019 大数据时代城市管理发展研讨会在郑州召开。

11 月 22 日至 24 日 河南国际大健康产业及个人健康产品博览会在郑州国际会展中心举办。

11 月 28 日至 29 日 省委十届十次全体（扩大）会议在郑州召开。全会审议通过了《中共河南省委关于深入学习贯彻习近平总书记视察河南重要讲话和党的十九届四中全会精神谱写新时代中原更加出彩绚丽篇章的意见》，审议并表决通过中国共产党河南省第十届委员会第十次全体会议决议。

11 月 29 日 2019 年中国经济社会论坛在郑州举行。

同日 第二十届中国绿色食品博览会暨第十三届中国国际有机食品博览会在郑州国际会展中心开幕。

同日 第六届全球创新创业教育论坛暨“新时代”智慧教育高峰论坛在三门峡举行。

12 月 1 日 郑渝高铁郑襄段、郑阜、京港高铁商合段三条高铁同日开通，标志着河南米字形高铁建设取得决定性进展。

12 月 10 日 河南省首套同时具备智能化采掘及综合智能化管控平台的煤矿智能化开采系统试运行圆满成功。

12 月 12 日 省政府与农业农村部在北京签署关于贯彻落实习近平总书记重要讲话精神打造全国重要粮食生产核心区合作备忘录。

12 月 14 日 省委副书记、代省长尹弘主持召开省政府常务会议，传达学习中央经济工作会议精神，安排部署贯彻落实工作，通过《关于财政支持城镇社区养老服务体系建设发展的实施意见》。

12 月 16 日 2019（第八届）国际智慧城市峰会暨智慧生态博览会在郑州国际会展中心开幕。

同日 PTA、甲醇期权在郑州商品交易所上市，这也是国内首批能源化工期权上市。

12 月 17 日 智慧城市数字服务与标准化论坛在郑州举行。

12 月 20 日 中国在太原卫星发射中心用长征四号乙运载火箭成功发射 9 颗卫星，卫星成功进入预定轨道，其中“国智恒好年景中原金水一号（未来号 –1R）卫星为河南省首颗卫星。

12 月 21 日 省党建研究会第四次会员代表大会在郑州召开，选举产生了省党建研究会第四届理事会及其领导机构，听取并审议了省党建研究会第三届理事会工作报告、财务工作报告和《河南省党建研究会章程（修正案）》。

12 月 27 日 国家发展改革委等部委联合下发《关于开展国家城乡融合发展试验区工作的通知》，明确 11 个国家城乡融合发展试验区名单，许昌市是河南省唯一入选城市。

12 月 29 日 第二届全国煤矸石等煤基固废综合利用技术交流大会暨绿色建材与建筑全产业链协同发展战略高峰论坛在鹤壁召开。

2020年

1月1日 全国统一取消高速公路省界收费站，实现电子不停车快速通行。河南30个高速公路省界收费站同时取消，ETC新旧系统顺利切换。

1月3日 省青联十二届二次常委（扩大）会议在郑州举行。会议审议通过了《关于动员全省各族各界青年牢记嘱托奋勇争先奋力谱写新时代中原更加出彩绚丽篇章的决议》，选举武皓为省青联主席。

1月6日 农业农村部公布全国第四批率先基本实现主要农作物生产全程机械化示范县名单，河南省14个县（市、区）入选。

1月9日 《河南经济发展报告（2020）》出版暨培育高质量发展新动能研讨会在郑州举行。

1月10日 中共中央、国务院在北京召开的2019年度国家科学技术奖励大会上，由“中原学者”、河南大学纳米材料工程研究中心总工程师张治军教授主持的“高性能节能抗磨纳米润滑油脂关键技术与产业化”项目等河南省15项成果荣获国家科技奖励。

1月10日至14日 省第十三届人民代表大会第三次会议在郑州举行。大会审议讨论并通过了“一府两院”工作报告及其他报告；会议表决通过了省十三届人大三次会议关于河南省2019年国民经济和社会发展计划执行情况与 2020 年国民经济和社会发展计划的决议等决议；会议选举尹弘为省人民政府省长，陈兆明、贾瑞琴为省十三届人大常委会委员。

1 月 11 日 全国首届“中医农业”与农产品加工高峰论坛暨中医农业投入品展示交流大会在驻马店召开。

1 月 15 日 全省“不忘初心、牢记使命”主题教育总结大会在郑州召开。

1 月 16 日 工信部公布第九批国家新型工业化产业示范基地名单，大数据 · 河南洛阳大数据产业园成功入选。

1 月 17 日 郑州海关发布消息，2019 年河南省外贸进出口总值 5 711.6 亿元，同比增长 3.6%，高出全国平均增速（3.4%）0.2 个百分点，进出口总额居中部第一位，年度进出口总值连续 3 年保持 5 000 亿元以上。

1 月 22 日 省委、省政府在郑州举行专题会议。会议深入贯彻落实习近平总书记对新型冠状病毒感染的肺炎疫情作出的重要指示精神，全面落实李克强总理批示和国务院常务会议精神，听取疫情防控工作情况汇报，研究部署河南防控工作。

1 月 23 日 省通信管理局发布消息，2019 年全省信息通信业经济运行稳中有进，电信业务总量保持高速增长，电话用户总数和业务收入规模均提升 1 个位次，分别居全国第 4 位、第 5 位。网络提速降费持续推进，移动电话、移动互联网用户新增数均居全国第一位。

1 月 25 日 全省新型冠状病毒感染的肺炎疫情防控工作电视电话会议在郑州召开。会议指出，根据全省疫情防控需要，省委、省政府决定启动重大突发公共卫生事件一级响应，强化统一调度，硬化防控措施，坚决遏制疫情传播扩散。

1月26日 河南派出首支援助湖北医疗队，共137名队员。

2月2日 省委、省政府召开专题会议，传达学习了中央应对新型冠状病毒感染肺炎疫情工作领导小组有关疫情防控工作的安排部署，研究部署节后复工复学疫情防控等工作。

2月3日 河南省向湖北省武汉市捐赠火腿肠1.9万箱39.9吨，速冻汤圆4 600箱41.9吨，速冻水饺4 600箱41.9吨，合计2.82万箱123.7吨，支持湖北省抗击新型冠状病毒感染的肺炎疫情防控工作。

2月4日 省长尹弘主持召开全省保障疫情防控应急物资及人员运输车辆顺畅通行电视电话会议，深入贯彻落实习近平总书记在中央政治局常务委员会会议上的重要讲话精神和中央应对疫情工作领导小组会议要求，安排部署河南疫情防控物资运输保通工作。

2月6日 郑州市第一人民医院传染病医院项目正式完成验收移交。郑州市第一人民医院传染病医院是在郑州市第一人民医院港区医院原址上，改造扩建的新型冠状病毒感染的肺炎患者定点救治医院。2月13日，郑州市第一人民医院增加第二名称获批复，被正式命名为“郑州岐伯山医院”。

2月10日 省市场监督管理局联合省网信办、生态环境厅、农业农村厅、公安厅等10个部门制发《关于开展打击整治非法制售口罩等防护产品专项行动的紧急通知》《关于联合开展打击野生动物违规交易专项执法行动的通知》，在全省范围内联合整治打击非法制售口罩等防护产品、野生动物违规交易专项行动。

2月12日 省长尹弘主持召开省政府常务会议，审议通过了《应对疫情影响支持中小微企业平稳健康发展的若干政策措施》。

2 月 13 日 河南省第四次全国经济普查公报发布。公报显示，与 2013 年第三次全国经济普查结果相比，2018 年年末，全省从事第二产业、第三产业活动的法人单位数量大幅增加，增长了 149.9%。其中，批发和零售业、制造业、租赁和商务服务业位居前三。

2 月 14 日 《关于抓好“三农”领域重点工作确保如期实现全面小康的实施意见》发布。

2 月 24 日 科技部发布 2019 年全国技术市场交易快报，河南省 2019 年全年共签订技术合同 9 310 项，成交额 234.07 亿元，比上年分别增长 27.57% 和 56.32%。技术合同成交额首次突破 200 亿元，占全省 GDP 的比重首次超过 4‰。

2 月 26 日 省委组织部印发《关于对新冠肺炎疫情防控工作中表现突出的共产党员进行表扬的通报》，对在疫情防控中表现突出的第一批 30 名共产党员进行通报表扬。

同日 省长尹弘主持召开省政府常务会议，批准嵩县等 14 个县退出贫困县。

2 月 28 日 中欧班列（郑州）首趟进口运邮班列顺利抵达中铁联集郑州中心站，标志着河南担负国家赋予的中欧班列唯一进口运邮试点线路全线贯通。

3 月 2 日 河南省人力资源和社会保障厅、省医疗保障局、省财政厅、国家税务总局河南省税务局联合印发《关于阶段性减免企业社会保险费的实施意见》，对大中小微企业分类实施阶段性减、免、缓缴基本养老保险、基本医疗保险、失业保险、工伤保险的单位缴费部分政策，帮助企业渡过难关。

3 月 5 日 2020 年郑州市招商引资集中网络签约活动举行。

3 月 6 日 全省决战决胜脱贫攻坚电视电话会议召开，强调要统筹抓好疫情防控和脱贫攻坚，努力把疫情影响降到最低。

3 月 10 日 全省重点项目建设暨中小微企业支持政策落实推进工作电视电话会议召开。会议强调，在落实落细疫情防控措施的前提下，争取 3 月中旬有条件的地方项目全部开工。

3 月 11 日 省发展改革委发布消息，世界银行贷款 3 亿美元支持河南高质量绿色农业发展促进项目资金申请报告获得国家发展改革委批复，标志着世界银行在中国首个绿色农业基金项目落户河南。

3 月 12 日 省新冠肺炎疫情防控指挥部召开专题会议，认真学习贯彻习近平总书记在湖北武汉考察新冠肺炎疫情防控工作时的重要讲话精神，分析河南面临的新情况新问题，统筹推进当前疫情防控和经济社会发展各项工作。

3 月 13 日 省市场监管局发布的数据显示，河南省的 ODR 企业（全国 12315 互联网平台在线消费纠纷解决企业）数量位居全国第一。

3 月 15 日至 20 日 中共中央办公厅、国务院办公厅复工复产调研河南工作组在河南调研。

3 月 20 日 前坪水库正式下闸蓄水。前坪水库是国务院确定的 172 项节水供水重大水利工程之一。从此，河南淮河干流及其主要支流的洪水都可以调控了。

3 月 23 日 省委常委会召开会议，研究部署河南统筹抓好疫情防控和经济社会发展重点工作，通过《关于支持洛阳以开放为引领加快建设中原城市群副中心城市的若干意见》。

3 月 26 日 在圆满完成支援湖北各项任务后，河南第一批支援湖北医疗队的 137 名医护人员回到家乡。截至 3 月 30 日，河南省支援湖北医疗队 1 281 名队员回家。

3 月 27 日 省委、省政府召开加快洛阳副中心城市建设工作推进会，指出要在新起点上推进洛阳副中心城市建设实现新突破，打造带动全省高质量发展新的增长极。

3 月 30 日 中建投集团同驻马店市政府签署合作协议，打造全国最大最先进的农产品智慧冷链物流基地。

3 月 31 日 河南省大数据中心揭牌仪式在郑州举行。

同日 河南航投航空设备租赁有限公司与中原龙浩航空有限公司顺利完成一台 CFM56-3C-1 型发动机的融资租赁业务交割，标志着河南省首单境外航空发动机引进及融资租赁业务顺利落地。

4 月 1 日 河南省政府发布第 193 号令，《河南省残疾预防和残疾人康复管理办法》自 2020 年 5 月 1 日起施行。

同日 国家市场监管总局、国家发改委、财政部联合发布《关于下达国家基本公共服务标准化试点工作的通知》，由许昌市政府申报的基本公共服务标准化综合试点成功获批，成为全省唯一承担综合试点的城市。

4 月 8 日 省长尹弘主持召开省政府常务会议，研究通过了《河南省政府投资管理办法》《关于加强高标准农田建设打造全国重要粮食生产核心区的实施意见》。

同日 华为技术有限公司与河南垂天科技有限公司在鹤壁市正式签署合作协议，并共同为华为垂天 5G 边缘计算实验室揭牌。这是河南省首家华为 5G 边缘计算实验室。

4 月 9 日 河南省首家进口原油保税仓库在濮阳正式投运。

4 月 18 日 14 时，中国铁路郑州局集团有限公司首次配属的“复兴号”动车组成功首发。

4月20日 农业农村部、财政部发布《2020年农业产业强镇建设公示公告》，公示全国拟列入2020年农业产业强镇建设的259个镇（乡）名单，河南省新蔡县砖店镇等16个乡镇入选。

4月22日 省政府召开第八十四次常务会议，审议通过了《关于贯彻落实习近平总书记视察河南重要讲话精神支持河南大别山革命老区加快振兴发展的若干意见》等意见、办法。

4月24日 省乡村文化振兴工作专班会议召开，原则通过了《河南省乡村文化振兴工作方案（2020—2022年）》。

同日 脱贫攻坚任务重的县（市、区）党委书记履行脱贫攻坚责任述职会议在郑州召开。

4月27日 河南新兴产业重大项目集中签约活动在郑州举行。此次签约的35个项目总投资超过420亿元。

同日 共青团河南省委、河南省青年联合会联合下发文件，授予王欢、韩付涛等50名同志第24届"河南青年五四奖章"，授予河南日报报业集团战"疫"青年突击队采访部分队等30个青年集体第24届"河南青年五四奖章集体"。

4月30日 省委常委会召开会议，认真学习贯彻习近平总书记给郑州圆方集团全体职工的重要回信精神，对全省学习贯彻工作进行安排部署。

同日 《河南省社会信用条例》经省十三届人大常委会第十三次会议表决通过，于5月1日起正式施行。

5月1日 《河南省人民政府办公厅关于加强高标准农田建设打造全国重要粮食生产核心区的实施意见》出台，提出要大力推进高标准农田建设，打造全国重要的粮食生产核心区。

5月6日 省长尹弘主持召开省政府常务会议，通过《坚持三链同构加快推进粮食产业高质量发展的意见》。

同日 中国政府网发布《国务院关于同意在雄安新区等 46 个城市和地区设立跨境电子商务综合试验区的批复》。河南省南阳市获批建设跨境电子商务综合试验区，这是河南省继郑州、洛阳后的第三个获批建设的城市。

同日 财政部公布 2020 年国家现代农业产业园创建名单，河南省灵宝市现代农业产业园、内乡县现代农业产业园入选。

同日 河南首条美线跨境电商出口全货运包机航线正式开通。

5 月 8 日 中国民航局召开试点项目启动视频会，正式批复《郑州新郑国际机场航空电子货运试点工作实施方案》。郑州机场是全国唯一航空电子货运试点机场。

5 月 9 日 西霞院水利枢纽输水灌区工程暨 2020 年度四水同治项目集中开工动员会举行。

5 月 10 日 河南省首家本土注册、本土主基地运营的货运航空公司——中州航空正式开航。

5 月 11 日 全省文化旅游大会召开。会议印发了《关于建设文化旅游强省的意见（讨论稿）》《关于加快乡村旅游发展的意见》《关于进一步激发文化和旅游消费潜力的通知》，并就推动文旅高质量发展进行具体安排部署。

5 月 12 日 海关总署、财政部、国家税务总局、国家外汇管理局批准设立河南许昌保税物流中心（B 型）。

5 月 18 日 省疫情防控指挥部召开会议，强调要落实常态化疫情防控措施，扎实做好外防输入、内防反弹工作，决不能让来之不易的疫情防控成果前功尽弃。

同日 省委书记王国生主持召开专题会议，深入贯彻落实习近平总书记视察河南重要讲话精神，研究部署加快大别山革命老区振兴发展工作。

5月27日 省政府办公厅印发《河南省加快5G产业发展三年行动计划（2020—2022年）》，明确河南省5G产业今后三年发展目标。

5月29日 河南省与中国电信集团、中国移动通信集团、中国联合网络通信集团、中国铁塔股份有限公司在北京举行签约仪式，共同推进河南省5G网络建设和产业发展。

6月1日 经中国农业科学院专家验收组现场实打验收，焦作市修武县王屯乡东黄村小麦“中麦578”超高产攻关示范田，平均每0.067公顷（1.005亩）实收小麦841.5公斤，创全国夏粮单产新高。

6月2日 国务院批复同意设立洛阳综合保税区。

同日 河南省第一个平安产险“智慧农业”项目在焦作市正式落户。

6月3日 国家发改委发布《关于加快开展县城城镇化补短板强弱项工作的通知》，河南省兰考县等5个县（市）被列入县城新型城镇化建设示范名单。

同日 经初审、考察评估和专家评审等程序，文化和旅游部批复同意洛阳市设立国家级河洛文化生态保护实验区。

6月4日 根据《财政部关于下达2020年生猪（牛羊）调出大县奖励资金预算的通知》，今年国家共安排生猪调出大县奖励资金32.88亿元，其中河南省58个生猪调出大县获中央奖励资金4.2亿元，占全国总奖励资金的12.77%，是全国奖励资金最多的省份。

6月5日 全省首座电力北斗地基增强网基准站在新乡220千伏延津变电站建成。

6 月 6 日 全国首个“5G 低空测试中心”在安阳正式成立。

6 月 9 日 省政府第 87 次常务会议在郑州召开。会议审议通过《关于加快推进农业高质量发展建设现代农业强省的意见》等。

同日 河南跨境电商包机“郑州—洛杉矶”航线正式开通。

6 月 14 日 郑州—卢森堡“空中丝绸之路”座谈会暨 BAA（中国）航空培训中心启动仪式举行。

6 月 16 日 河南境内所有特高压站点实现 5G 全覆盖。

6 月 18 日 中国首台出口澳大利亚超大直径硬岩掘进机（TBM）“中铁 783 号”在中铁装备集团郑州基地成功下线。

6 月 19 日 省委党建工作领导小组会议召开，深入贯彻落实习近平总书记视察河南重要讲话精神，系统梳理疫情斗争中基层党建发挥作用的经验做法，研究部署以党建高质量推动“六稳”“六保”要求落实、加强高校意识形态工作等。

6 月 20 日 省发展改革委等 24 个部门联合印发《关于推动返乡入乡创业高质量发展的实施方案》，为农民工、大学生和工商企业返乡入乡创业提供有力保障。

6 月 23 日 中国 · 河南招才引智创新发展大会“2020 招才引智专项行动”暨网上招聘活动在郑州启动。

6 月 30 日 全省脱贫攻坚第八次推进会议在郑州召开。会议深入学习贯彻习近平总书记重要讲话指示精神，总结去年以来的脱贫攻坚工作，对全省脱贫攻坚工作作出具体部署，通报了 2019 年度全省脱贫攻坚成效考核情况。

同日 河南省首家国家级知识产权保护中心——中国（新乡）知识产权保护中心在高新区电子商务产业园揭牌成立。

7 月 1 日 零时 13 分 43 秒，河南省跨境电商 B2B 出口试点业务正式启动。

同日 全国首个农民科学素质教育学院——禹州市农民科学素质教育学院成立。

7月7日 国务院发布《关于做好自由贸易试验区第六批改革试点经验复制推广工作的通知》，其中河南自贸试验区开封片区“建设项目水、电、气、暖现场一次联办模式”位列其中。

同日 国家发展和改革委员会公布2020年17个国家骨干冷链物流基地建设名单，郑州入围。

7月8日至9日 省委十届十一次全会暨省委工作会议在郑州召开。会议审议通过《河南省做好“六稳”工作落实“六保”任务若干政策措施》。

7月10日 第三届国家中心城市建设高层论坛在郑州举行。

7月13日 位于长垣市的宏力医疗管理集团有限公司挂牌上市，成为河南省医疗机构在港交所上市首单。

7月15日 青海—河南 ±800千伏特高压直流工程启动送电工作会议在驻马店市上蔡县召开。历时近两年建设的青电入豫工程正式启动送电。

7月16日 国家统计局河南调查总队发布数据显示：2020年河南夏粮总产量750.75亿斤，再创历史最高水平。

7月18日至24日 国务院扶贫开发领导小组督查组深入河南卢氏、汝阳、淅川、封丘四县，进行实地督查。24日在郑州召开座谈会，向河南省反馈脱贫攻坚督查情况。

7月28日 深化中国河南省—乌兹别克斯坦撒马尔罕州务实关系视频会议举行。河南省与撒马尔罕州云签署了建立友好省州关系协议书及建立综合全面交往合作机制备忘录，鹤壁市与撒马尔罕市云签署了建立友好城市关系协议书。

同日 第四届全国 12345 政务服务热线年会在驻马店市召开。会议以“后疫情时代政务热线数据价值应用及数据智能提升”为主题探讨热线数据挖掘、为企服务等问题。

7 月 29 日 第二届中部食品博览会在郑州国际会展中心举行。

同日 首届郑州食品博览会在郑州国际会展中心开幕。

8 月 5 日 河南首个“精品千兆城市”发布会在新乡市举行。

8 月 12 日 河南仕佳光子科技股份有限公司在上海证券交易所科创板正式挂牌上市。这是河南省第二家登陆科创板的企业。

8 月 14 日 省发展改革委印发《关于促进夜经济发展的指导意见》，进一步提升夜经济对全省消费增长的拉动作用。

8 月 17 日 防范境外疫情输入工作专题会议召开。会议强调，要因时因势完善外防输入措施，有效切断境外疫情输入渠道，服务好全国疫情防控和经济社会发展大局。

8 月 18 日 世界直播电商大会暨第二届国际贸易数字化发展论坛在郑州召开。

8 月 21 日 全省村（社区）“两委”换届工作领导小组第一次会议在郑州召开。会议强调，要加强调查研究，吃透上情、摸清下情，制定好换届政策。

8 月 26 日 全省脱贫攻坚问题整改暨总攻动员会在郑州召开，强调要以国家脱贫攻坚督查反馈问题整改为契机，抓重点、补短板、强弱项，举全省之力发起最后总攻，确保如期实现脱贫攻坚目标任务。

同日 自洛阳发出的首趟中欧国际集装箱货运班列正式开行。

9 月 1 日 《郑洛新国家自主创新示范区条例》正式施行。

9月3日 省中原城市圈建设工作领导小组办公室印发《2020年郑州都市圈一体化发展工作要点》，提出郑州与开封、新乡、焦作、许昌“五城”联合抓好“一体系五工程”。

9月6日 由农业农村部和河南省政府联合主办的第二十三届中国农产品加工投资贸易洽谈会在驻马店市召开。本届中国农加工投洽会共签约182个重点农产品加工项目，签约总金额达858.6亿元。

9月8日 《中共中央、国务院、中央军委关于表彰全国抗击新冠肺炎疫情先进个人和先进集体的决定》中，河南省郑州大学第一附属医院副院长赵松等45名同志和郑州圆方集团党委、周口市淮阳区在京务工创业人员党支部等15个集体受到表彰。

同日 河南省发布《高速公路网规划（2021—2035年）》，提出按照“拓展省际出口、提升通道能力、完善路网覆盖、强化枢纽功能”的基本思路，进一步完善高速公路网布局，规划新增路线3 750公里、总里程达到1.38万公里。

9月14日 2020年国家网络安全宣传周高峰论坛在郑州举行。本届网络安全宣传周主题是“网络安全为人民，网络安全靠人民”。

同日 以“落实重大国家战略，助推区域高质量发展”为主题的黄河流域创新发展论坛在三门峡举行。

9月15日 商务部等7个部委下达全国新一批市场采购贸易方式试点批复，许昌市的中国（许昌）国际发制品交易市场成功获批，是全省唯一的国家级市场采购贸易方式试点。

9月22日 第四届全球跨境电子商务大会在郑州开幕。

同日 全国水库移民工作会议在信阳召开。会议深入总结近年来全国水库移民工作，汇报交流各地的典型经验和做法，分析面临的形势和任务，并对“十四五”水库移民工作进行部署。

9 月 24 日至 26 日 2020 年中国金鸡百花电影节（第 35 届大众电影百花奖）在郑州举办。

同日 洛阳考古博物馆正式开馆，这是我国首个遗址型考古博物馆。

10 月 11 日 郑州至赫尔辛基定期客运航线首航活动在郑州举行。河南省“豫芬合作”项目——郑州至赫尔辛基定期客运航线，是新冠肺炎疫情后国内航空公司新开通的首条洲际定期客运航线。

10 月 15 日 2020 中国（郑州）产业转移系列对接活动在郑州国际会展中心开幕。本届活动聚焦数字经济、5G 产业、人工智能等新兴重点领域开展对接洽谈，并首次发布《河南省县域制造业发展报告（2020）》，公布了河南省县域工业 30 强名单。

10 月 16 日 第二十六届郑州全国商品交易会在郑州国际会展中心开幕。

10 月 21 日 河南省抗击新冠肺炎疫情表彰大会在郑州举行。会议宣读了《中共河南省委、河南省人民政府关于表彰河南省抗击新冠肺炎疫情先进个人和先进集体的决定》和《中共河南省委关于表彰河南省优秀共产党员和河南省先进基层党组织的决定》。

10 月 21 日至 23 日 河南省军区第十三次党代表大会在郑州召开。会议审议通过省军区第十二届党的委员会报告和党的纪律检查委员会报告。省军区党委第十三届一次全会选举王国生为省军区党委第一书记，徐元鸿为省军区党委书记。

10 月 29 日 河南省政府、芬兰驻华大使馆联合主办的“豫芬交流合作对接会”在郑州举行。交流会上，“豫芬企业合作交流平台”正式上线运行，并同步举行了郑州和赫尔辛基“双枢纽”建设专项对接会。

10 月 31 日 国家超级计算郑州中心建设项目顺利通过科技部组织的专家验收。这是全国第 7 家批复建设的国家超级计算中心，也是科技部出台认定管理办法后批复建设的首家国家超级计算中心。

11 月 1 日 零时，河南省第七次全国人口普查入户登记正式启动。

同日 中国区域经济 50 人论坛第 17 次专题研讨会在郑州开幕。

11 月 3 日至 4 日 中共中央政治局常委、国务院总理李克强到河南安阳、郑州考察。

11 月 5 日至 6 日 省长尹弘率省政府代表团在上海参加第三届中国国际进口博览会。6 日，在第三届进博会河南交易团采购需求发布暨现场签约会现场签约仪式上，河南企业与境外客商共达成 98 个贸易合作合同，总金额 373 亿元。

11 月 8 日 “2020 年国家中心城市指数报告”在郑州正式发布，郑州跻身国家重要文化中心城市，并进入国家潜在重要综合中心城市。

11 月 9 日 省委常委会召开会议，认真学习贯彻习近平总书记重要讲话指示精神，传达李克强总理在河南考察时提出的要求，研究贯彻落实意见。

11 月 13 日 在河南移动 2020 年 5G 产业高峰论坛上，河南移动宣布 5GSA 正式全省商用，标志着河南 5G 建设和发展迈入新阶段。

11 月 16 日 科技部批复同意国家超级计算郑州中心通过验收

并纳入国家超级计算中心序列管理，这是河南首个国家级重大科研基础设施。

11 月 16 日至 21 日 河南党政代表团赴上海、江苏、浙江学习考察，深入贯彻落实党的十九届五中全会精神，深度对接长三角一体化和长江经济带国家战略，学习借鉴先进地区发展经验，主动融入“双循环”新发展格局。

同日 省委常委会召开扩大会议，深入学习贯彻习近平总书记重要讲话精神，听取关于河南党政代表团赴沪苏浙学习考察情况汇报等，研究贯彻落实意见。

11 月 24 日 全国单体容量最大的平原风电项目——华能濮阳一期 50 万千瓦风电项目实现全容量投产发电。

同日 “5G 空天地创新应用，激荡数字经济新动能”科技合并创新合作签约发布会在郑州举行，中国首家“5G 空天地一体化”创新应用示范基地将落户郑州。

12 月 1 日 郑州商品交易所获得新加坡金融管理局批准，成为新加坡认可市场运营商。

12 月 2 日 许昌市中心医院互联网医院正式揭牌，该院为全省第一家批准运营的地市级互联网医院。

12 月 3 日 全省脱贫攻坚问题整改巩固提升工作推进会在郑州召开。会议深入学习贯彻习近平总书记对脱贫攻坚工作作出的重要指示批示精神，认真贯彻落实党的十九届五中全会精神，扎实做好 2020 年度省脱贫攻坚成效考核发现问题整改工作，进一步巩固拓展全省脱贫攻坚成果。会议通报了 2020 年省脱贫攻坚成效考核发现问题。

12 月 6 日 省文物考古研究院发布消息，出土于河南灵井“许昌人”遗址的微型鸟雕入选“2020 年度世界十大考古发现”。

12 月 12 日 郑州至太原高速铁路焦作至太原段正式开通运营，郑太高铁实现全线贯通。

12 月 13 日 国家统计局河南调查总队发布数据：经国家统计局核准，2020 年河南省粮食总产量为 6 825.80 万吨（1 365.16 亿斤），比 2019 年增加 130.40 万吨（26.08 亿斤），增长 1.9%。这是河南省粮食总产量连续第四年稳定在 1 300 亿斤以上，并首次跨越 1 350 亿斤台阶。

同日 商务部新认定 64 家国家外贸转型升级基地，河南共有 2 家入选，分别是焦作市工业产业聚集区西部园区国家外贸转型升级基地（专业化工）和洛阳经济技术开发区国家外贸转型升级基地（钢制家具）。

12 月 16 日 联合国工业发展组织投资和技术促进办公室项目北方区域协同中心正式落户郑州航空港实验区，这是联合国组织在河南省正式设立的第一个驻地业务机构。

12 月 17 日 开封综合保税区正式获国务院批复设立。

12 月 18 日 全国首个地方物流枢纽联盟——河南省物流枢纽（园区）联盟在郑州成立。

同日 在第十一届中国物联网产业与智慧城市发展年会上，许昌市荣获“2020 中国智慧城市示范城市奖”，是河南省唯一获此殊荣的城市。

12 月 20 日 郑州城市大脑建设成果 2020 发布会在郑州国际会展中心举行，118 个应用场景全面上线运行，标志着郑州成为首个全场景数字化运营城市，树立了全国数字化城市运营的新标杆。

12 月 23 日 在 2020 美丽乡村博鳌国际峰会上，郏县黄道镇王英沟村被评为“2020 年度中国十大最美乡村”，是河南省唯一入选的乡村。

12 月 27 日至 28 日　省委十届十二次全会暨省委经济工作会议在郑州召开。全会听取和审议了王国生受省委常委会委托作的工作报告，审议了省委常委会 2020 年抓党建工作情况专题报告，审议通过了《中共河南省委关于制定河南省国民经济和社会发展第十四个五年规划和二〇三五年远景目标的建议》，表决通过了中国共产党河南省第十届委员会第十二次全体会议决议。

12 月 31 日　省疫情防控指挥部召开会议，传达国务院联防联控机制有关文件精神，研究了 2021 年元旦和春节期间新冠肺炎疫情防控工作，建立进口冷链食品疫情防控“五早”工作机制等事项。

2021年

1月13日 由95名队员组成的河南省援冀医疗队从郑州市紧急医疗救援中心出发，赶赴河北省石家庄市开展核酸检测、医疗救治、急救转运工作。

1月15日 全省疫情防控工作电视电话会议在郑州召开。会议强调要深入贯彻党中央决策部署，全面落实国务院联防联控工作机制要求，强化底线思维，突出重点环节、关键部位，毫不放松抓好各项防控工作。

2月1日 上午9时，花生期货在郑州商品交易所成功挂牌上市。

2月10日 由郑州歌舞剧院创作的古典舞《唐宫夜宴》亮相2021年河南春晚后，受到广泛好评，持续上微博热搜，刷屏微信朋友圈。2月25日，《河南博物馆元宵奇妙夜》在河南电视台播出后，再次大受好评。

2月25日 中国建筑业协会公布了2020—2021年度第一批中国建设工程鲁班奖（国家优质工程）入选名单，河南省洛阳市隋唐洛阳城应天门遗址保护展示工程等4项工程入选。

同日 全国脱贫攻坚总结表彰大会在北京人民大会堂举行。大会对全国脱贫攻坚先进个人、先进集体进行表彰。其中，河南省潢川县驻郑州党工委书记黄久生等86人荣获先进个人，中共兰考县委员会等65个集体荣获先进集体。

3月1日 全省党史学习教育动员部署大会召开。会议认真学习贯彻习近平总书记在党史学习教育动员大会上的重要讲话精神，对在全省党员中开展党史学习教育进行动员部署。

3月18日 郑州经开综合保税区正式运营。

3月22日 全省新冠病毒疫苗接种工作电视电话会议召开。会议强调，要认真贯彻党中央、国务院决策部署，科学安排、有序推进疫苗接种工作，保障人民群众生命健康安全。

3月26日 “100+N”开放协同创新体系建设暨河南农业农村科技创新融合发展会议在郑州召开。河南13家单位加入科技部中国农村技术开发中心“100+N”开放协同创新体系，标志着这一国家级开放协同创新体系在河南正式落地。

4月5日 中国内地“2020年城市GDP百强榜”发布，河南省郑州、洛阳、南阳、许昌、周口、新乡、商丘、驻马店、信阳名列其中。

4月13日 由省委宣传部、省文旅厅和郑州、开封、洛阳三市政府共同主办的中国（郑州）黄河文化月在郑州举行。

4月15日至16日 2021（第二届）“中国文化百强县”在北京发布，河南温县、滑县、浚县、内乡县、汤阴县、武陟县荣获“中国文化百强县”称号。

4月16日 全球首台改进型超小转弯半径硬岩掘进机——“洛宁号”在洛阳下线。

4月18日 由中国考古学会、中国文物报社主办的纪念“中国考古百年”系列活动在渑池县仰韶村遗址保护区启动。

4月19日 省中原城市群建设工作领导小组日前正式印发《郑州都市圈交通一体化发展规划（2020—2035年）》。按照《规划》，郑州、开封、新乡、焦作、许昌五座城市的时空距离将实现真正的“一小时通勤圈”。

4月21日 云台山景区在第六届中国景区创新发展论坛上荣获2020年度自然景观类优质体验景区，是河南省唯一一家获评自然景观类优质体验景区。

5月10日 第五届全球跨境电子商务大会在郑州开幕。大会宣布，国务院已于5月8日同意在河南省开展跨境电子商务零售进口药品试点，试点期为自批复之日起三年。这是河南开展跨境电子商务的又一重大创新成果。50个重大项目在开幕式结束后进行集中签约，合作内容涉及跨境园区建设、国际物流、跨境采购、人才培养等，签约额186亿元。

5月12日 “郑开同城自贸通办”启动仪式举行。这标志着河南自贸试验区郑州、开封两片区实现涉企行政审批服务事项跨片区通办。

5月13日 许昌市供销合作社与河南省农业信贷担保有限责任公司成功签订“供销+担保”联动支农合作协议。“供销+担保”这一全新模式开创了全省“供销+担保”助推农业高质量发展的先河。

5月16日 致敬大别山精神的大型民族歌剧《银杏树下》在河南艺术中心大剧院首演，这标志着河南省庆祝中国共产党成立100周年“百年百场”河南省优秀舞台艺术作品展演正式启动。

5月28日 河南省扶贫开发办公室重组为河南省乡村振兴局。省乡村振兴局为省政府直属机构，规格为正厅级，由省农业农村厅统一领导和管理，主要负责巩固拓展脱贫攻坚成果、统筹推进乡村振兴战略有关具体工作。

6 月 1 日 科技部、教育部联合公布《第十一批国家大学科技园认定结果的通知》，郑州大学大学科技园、洛阳理工学院国家大学科技园成功入选。

6 月 2 日 省供销合作总社与中原农业保险股份有限公司签署全面战略合作协议，将打造具有中原特色的生产、供销、信用“三位一体”合作模式，助力农民增收。

6 月 9 日 南阳—荆门—长沙 1 000 千伏特高压交流线路工程河南段全面开工。该工程是全省“十四五”期间开工建设的首条特高压工程，是华中“日”字形环网的重要组成部分。

6 月 10 日 国务院公布文化和旅游部确定的第五批国家级非遗代表性项目名录，全省 12 项非遗入选，涉及民间文学、曲艺、传统美术、传统技艺、传统医药、民俗等多个类别。

6 月 15 日 “空中丝绸之路”系列活动在郑州举行。省发展改革委与中国商飞采供部签署《民机产业培育合作备忘录》，河南航投与中国商飞签署《ARJ21-700 货机飞机买卖通用条款协议》《ARJ21-700 飞行模拟机采购合作备忘录》。

同日 上午 11 时，郑州—马尼拉航线开通，标志着全省又打开了一条连接东盟的航空货运通道，为“空中丝绸之路”融入国内国际双循环格局提供了新的切入点。

6 月 16 日 全国中小企业股份转让系统（新三板）河南基地正式揭牌。新三板河南基地由全国股转公司与省地方金融监管局、河南证监局签约共建，由中原股权交易中心承接运营。

6 月 17 日 国产首台高原高寒大直径硬岩掘进机“雪域先锋

号”在中铁装备国家 TBM（硬岩掘进机）产业化中心郑州园区下线。该设备将用于青藏高原路网建设。这是目前国产最大直径的敞开式硬岩掘进机，也是世界首台双结构硬岩掘进机。

6 月 18 日　第十一届中国花卉博览会申办城市评审会议在北京召开，宣布郑州获得 2025 年第十一届中国花卉博览会举办权。这是中部地区城市首次拿下中国花博会的举办权。

同日　全省 39 件革命文物在北京中国共产党历史展览馆正式展出，生动地再现了大别山精神、红旗渠精神、焦裕禄精神。

6 月 19 日　中央宣传部新命名 111 个全国爱国主义教育示范基地。河南省 5 处入选，分别为郑州二七纪念馆、刘邓大军渡黄河纪念馆、中国一拖东方红农耕博物馆、三门峡水利枢纽工程、中国中铁装备集团郑州盾构总装车间。

6 月 28 日　由中国中车股份有限公司承担研制的首列中国标准地铁列车在郑州下线，标志着中国在地铁车辆技术领域取得重大创新突破。

后　记

为全景纪录和展现全面建成小康社会的伟大历程，发挥“存史资政、教化育人”重要作用，按照中共中央宣传部统一部署，中共河南省委宣传部组织编写了反映河南全面建成小康社会奋斗历程的“纪录小康工程”地方丛书。

丛书编写工作在河南省委常委、宣传部部长王战营主持下进行，曾德亚、谭福森、尹书博具体负责，刘汉征、董林、王承哲、郭跃丽、方国根、李文平分别就各册图书编写工作给出了宝贵意见。丛书编写工作得到了中共河南省委办公厅、中共河南省委组织部、中共河南省委党史和地方史志研究室、河南省总工会、河南日报社、河南省社会科学院、河南省乡村振兴局、中原出版传媒集团等单位的大力支持，河南“纪录小康工程”工作专班审订了书稿。在此向所有参与丛书编纂工作的同志表示感谢。

《全面建成小康社会河南大事记》作为丛书之一，记录了改革开放以来河南省委带领全省人民脱贫致富奔小康的伟大历程中的大事要事。省委党史和地方史志研究室的崔肖生、薛琳、李文文、白卉、李莎参加了本书的编写工作，省委党史和地方史志研究室副主任李海民主持编写工作，主任刘汉征审定了书稿。

由于编者水平有限，难免有所疏漏，恳请广大读者批评指正。

本书编写组

2022年6月